SUECO
VOCABULÁRIO

PALAVRAS MAIS ÚTEIS

PORTUGUÊS SUECO

Para alargar o seu léxico e apurar as suas competências linguísticas

5000 palavras

Vocabulário Português-Sueco - 5000 palavras

Por Andrey Taranov

Os vocabulários da T&P Books destinam-se a ajudar a aprender, a memorizar, e a rever palavras estrangeiras. O dicionário é dividido em temas, cobrindo todas as principais esferas de atividades quotidianas, negócios, ciência, cultura, etc.

O processo de aprendizagem, utilizando os dicionários baseados em temáticas da T&P Books dá-lhe as seguintes vantagens:

- Informação de origem corretamente agrupada predetermina o sucesso em fases subsequentes da memorização de palavras
- Disponibilização de palavras derivadas da mesma raiz, o que permite a memorização de unidades de texto (em vez de palavras separadas)
- Pequenas unidades de palavras facilitam o processo de estabelecimento de vínculos associativos necessários para a consolidação do vocabulário
- O nível de conhecimento da língua pode ser estimado pelo número de palavras aprendidas

Copyright © 2019 T&P Books Publishing

Todos os direitos reservados. Nenhuma parte desta publicação pode ser reproduzida, total ou parcialmente, por quaisquer métodos ou processos, sejam eles eletrónicos, mecânicos, de fotocópia ou outros, sem a autorização escrita do editor. Esta publicação não pode ser divulgada, copiada ou distribuída em nenhum formato.

T&P Books Publishing
www.tpbooks.com

ISBN: 978-1-78400-939-7

Este livro também está disponível em formato E-book.
Por favor visite www.tpbooks.com ou as principais livrarias on-line.

VOCABULÁRIO SUECO
palavras mais úteis

Os vocabulários da T&P Books destinam-se a ajudar a aprender, a memorizar, e a rever palavras estrangeiras. O vocabulário contém mais de 5000 palavras de uso comum organizadas tematicamente.

O vocabulário contém as palavras mais comummente usadas
Recomendado como adicional para qualquer curso de línguas
Satisfaz as necessidades dos iniciados e dos alunos avançados de línguas estrangeiras
Conveniente para o uso diário, sessões de revisão e atividades de auto-teste
Permite avaliar o seu vocabulário

Características especias do vocabulário

- As palavras estão organizadas de acordo com o seu significado, e não por ordem alfabética
- As palavras são apresentadas em três colunas para facilitar os processos de revisão e auto-teste
- As palavras compostas são divididas em pequenos blocos para facilitar o processo de aprendizagem
- O vocabulário oferece uma transcrição simples e adequada de cada palavra estrangeira

O vocabulário contém 155 tópicos incluindo:

Conceitos básicos, Números, Cores, Meses, Estações do ano, Unidades de medida, Roupas & Acessórios, Alimentos & Nutrição, Restaurante, Membros da Família, Parentes, Caráter, Sentimentos, Emoções, Doenças, Cidade, Passeios, Compras, Dinheiro, Casa, Lar, Escritório, Trabalho no Escritório, Importação & Exportação, Marketing, Pesquisa de Emprego, Desportos, Educação, Computador, Internet, Ferramentas, Natureza, Países, Nacionalidades e muito mais ...

TABELA DE CONTEÚDOS

Guia de pronunciação	9
Abreviaturas	11

CONCEITOS BÁSICOS — 13
Conceitos básicos. Parte 1 — 13

1. Pronomes — 13
2. Cumprimentos. Saudações. Despedidas — 13
3. Como se dirigir a alguém — 14
4. Números cardinais. Parte 1 — 14
5. Números cardinais. Parte 2 — 15
6. Números ordinais — 16
7. Números. Frações — 16
8. Números. Operações básicas — 16
9. Números. Diversos — 16
10. Os verbos mais importantes. Parte 1 — 17
11. Os verbos mais importantes. Parte 2 — 18
12. Os verbos mais importantes. Parte 3 — 19
13. Os verbos mais importantes. Parte 4 — 20
14. Cores — 21
15. Questões — 21
16. Preposições — 22
17. Palavras funcionais. Advérbios. Parte 1 — 22
18. Palavras funcionais. Advérbios. Parte 2 — 24

Conceitos básicos. Parte 2 — 26

19. Dias da semana — 26
20. Horas. Dia e noite — 26
21. Meses. Estações — 27
22. Unidades de medida — 29
23. Recipientes — 30

O SER HUMANO — 31
O ser humano. O corpo — 31

24. Cabeça — 31
25. Corpo humano — 32

Vestuário & Acessórios — 33

26. Roupa exterior. Casacos — 33
27. Vestuário de homem & mulher — 33

28. Vestuário. Roupa interior	34
29. Adereços de cabeça	34
30. Calçado	34
31. Acessórios pessoais	35
32. Vestuário. Diversos	35
33. Cuidados pessoais. Cosméticos	36
34. Relógios de pulso. Relógios	37

Alimentação. Nutrição	**38**
35. Comida	38
36. Bebidas	39
37. Vegetais	40
38. Frutos. Nozes	41
39. Pão. Bolaria	42
40. Pratos cozinhados	42
41. Especiarias	43
42. Refeições	44
43. Por a mesa	45
44. Restaurante	45

Família, parentes e amigos	**46**
45. Informação pessoal. Formulários	46
46. Membros da família. Parentes	46

Medicina	**48**
47. Doenças	48
48. Sintomas. Tratamentos. Parte 1	49
49. Sintomas. Tratamentos. Parte 2	50
50. Sintomas. Tratamentos. Parte 3	51
51. Médicos	52
52. Medicina. Drogas. Acessórios	52

HABITAT HUMANO	**54**
Cidade	**54**
53. Cidade. Vida na cidade	54
54. Instituições urbanas	55
55. Sinais	56
56. Transportes urbanos	57
57. Turismo	58
58. Compras	59
59. Dinheiro	60
60. Correios. Serviço postal	61

Moradia. Casa. Lar	**62**
61. Casa. Eletricidade	62

62.	Moradia. Mansão	62
63.	Apartamento	62
64.	Mobiliário. Interior	63
65.	Quarto de dormir	64
66.	Cozinha	64
67.	Casa de banho	65
68.	Eletrodomésticos	66

ATIVIDADES HUMANAS 67
Emprego. Negócios. Parte 1 67

69.	Escritório. O trabalho no escritório	67
70.	Processos negociais. Parte 1	68
71.	Processos negociais. Parte 2	69
72.	Produção. Trabalhos	70
73.	Contrato. Acordo	71
74.	Importação & Exportação	72
75.	Finanças	72
76.	Marketing	73
77.	Publicidade	74
78.	Banca	74
79.	Telefone. Conversação telefónica	75
80.	Telefone móvel	76
81.	Estacionário	76
82.	Tipos de negócios	77

Emprego. Negócios. Parte 2 79

83.	Espetáculo. Feira	79
84.	Ciência. Investigação. Cientistas	80

Profissões e ocupações 82

85.	Procura de emprego. Demissão	82
86.	Gente de negócios	82
87.	Profissões de serviços	83
88.	Profissões militares e postos	84
89.	Oficiais. Padres	85
90.	Profissões agrícolas	85
91.	Profissões artísticas	86
92.	Várias profissões	86
93.	Ocupações. Estatuto social	88

Educação 89

94.	Escola	89
95.	Colégio. Universidade	90
96.	Ciências. Disciplinas	91
97.	Sistema de escrita. Ortografia	91
98.	Línguas estrangeiras	92

Descanso. Entretenimento. Viagens	94
99. Viagens	94
100. Hotel	94

EQUIPAMENTO TÉCNICO. TRANSPORTES	**96**
Equipamento técnico. Transportes	**96**
101. Computador	96
102. Internet. E-mail	97
103. Eletricidade	98
104. Ferramentas	98

Transportes	**101**
105. Avião	101
106. Comboio	102
107. Barco	103
108. Aeroporto	104

Eventos	**106**
109. Férias. Evento	106
110. Funerais. Enterro	107
111. Guerra. Soldados	107
112. Guerra. Ações militares. Parte 1	108
113. Guerra. Ações militares. Parte 2	110
114. Armas	111
115. Povos da antiguidade	113
116. Idade média	113
117. Líder. Chefe. Autoridades	115
118. Viloação da lei. Criminosos. Parte 1	116
119. Viloação da lei. Criminosos. Parte 2	117
120. Polícia. Lei. Parte 1	118
121. Polícia. Lei. Parte 2	119

NATUREZA	**121**
A Terra. Parte 1	**121**
122. Espaço sideral	121
123. A Terra	122
124. Pontos cardeais	123
125. Mar. Oceano	123
126. Nomes de Mares e Oceanos	124
127. Montanhas	125
128. Nomes de montanhas	126
129. Rios	126
130. Nomes de rios	127
131. Floresta	127
132. Recursos naturais	128

A Terra. Parte 2 — 130

133. Tempo — 130
134. Tempo extremo. Catástrofes naturais — 131

Fauna — 132

135. Mamíferos. Predadores — 132
136. Animais selvagens — 132
137. Animais domésticos — 133
138. Pássaros — 134
139. Peixes. Animais marinhos — 136
140. Amfíbios. Répteis — 136
141. Insetos — 137

Flora — 138

142. Árvores — 138
143. Arbustos — 138
144. Frutos. Bagas — 139
145. Flores. Plantas — 140
146. Cereais, grãos — 141

PAÍSES. NACIONALIDADES — 142

147. Europa Ocidental — 142
148. Europa Central e de Leste — 142
149. Países da ex-URSS — 143
150. Asia — 143
151. América do Norte — 144
152. América Central do Sul — 144
153. Africa — 144
154. Austrália. Oceania — 145
155. Cidades — 145

GUIA DE PRONUNCIAÇÃO

Letra	Exemplo Sueco	Alfabeto fonético T&P	Exemplo Português
Aa	bada	[ɑ], [ɑː]	amar
Bb	tabell	[b]	barril
Cc [1]	licens	[s]	sanita
Cc [2]	container	[k]	kiwi
Dd	andra	[d]	dentista
Ee	efter	[e]	metal
Ff	flera	[f]	safári
Gg [3]	gömma	[j]	géiser
Gg [4]	truga	[g]	gosto
Hh	handla	[h]	[h] aspirada
Ii	tillhöra	[iː], [ɪ]	cair
Jj	jaga	[j]	géiser
Kk [5]	keramisk	[ɕ]	shiatsu
Kk [6]	frisk	[k]	kiwi
Ll	tal	[l]	libra
Mm	medalj	[m]	magnólia
Nn	panik	[n]	natureza
Oo	tolv	[ɔ]	emboço
Pp	plommon	[p]	presente
Qq	squash	[k]	kiwi
Rr	spelregler	[r]	riscar
Ss	spara	[s]	sanita
Tt	tillhöra	[t]	tulipa
Uu	ungefär	[u], [ʉː]	coelho
Vv	overall	[v]	fava
Ww [7]	kiwi	[w]	página web
Xx	sax	[ks]	perplexo
Yy	manikyr	[y], [yː]	trabalho
Zz	zoolog	[s]	sanita
Åå	sångare	[ə]	milagre
Ää	tandläkare	[æ]	semana
Öö	kompositör	[ø]	orgulhoso

Combinações de letras

Ss [8]	sjösjuka	[ʃ]	mês
sk [9]	skicka	[ʃ]	mês
s [10]	först	[ʃ]	mês
Jj [11]	djärv	[j]	géiser
Lj [12]	ljus	[j]	géiser

Letra	Exemplo Sueco	Alfabeto fonético T&P	Exemplo Português
kj, tj	kjol	[ɕ]	shiatsu
ng	omkring	[ŋ]	alcançar

Comentários

* **kj** pronuncia-se como
** **ng** transfere um som nasal
1. antes de **e, i, y**
2. noutras situações
3. antes de **e, i, ä, ö**
4. noutras situações
5. antes de **e, i, ä, ö**
6. noutras situações
7. em estrangeirismos
8. em **sj, skj, stj**
9. antes de **e, i, y, ä, ö** acentuados
10. na combinação **rs**
11. em **dj, hj, gj, kj**
12. no início de palavras

ABREVIATURAS
usadas no vocabulário

Abreviaturas do Português

adj	-	adjetivo
adv	-	advérbio
anim.	-	animado
conj.	-	conjunção
desp.	-	desporto
etc.	-	etecetra
ex.	-	por exemplo
f	-	nome feminino
f pl	-	feminino plural
fem.	-	feminino
inanim.	-	inanimado
m	-	nome masculino
m pl	-	masculino plural
m, f	-	masculino, feminino
masc.	-	masculino
mat.	-	matemática
mil.	-	militar
pl	-	plural
prep.	-	preposição
pron.	-	pronome
sb.	-	sobre
sing.	-	singular
v aux	-	verbo auxiliar
vi	-	verbo intransitivo
vi, vt	-	verbo intransitivo, transitivo
vr	-	verbo reflexivo
vt	-	verbo transitivo

Abreviaturas do Sueco

pl	-	plural

Artigos do Sueco

den	-	género comum
det	-	neutro

en	-	género comum
ett	-	neutro

CONCEITOS BÁSICOS

Conceitos básicos. Parte 1

1. Pronomes

eu	jag	['ja:]
tu	du	[dʉ:]
ele	han	['han]
ela	hon	['hʊn]
ele, ela (neutro)	det, den	[dɛ], [dɛn]
nós	vi	['vi]
vocês	ni	['ni]
eles, elas	de	[de:]

2. Cumprimentos. Saudações. Despedidas

Olá!	Hej!	['hɛj]
Bom dia! (formal)	Hej! Hallå!	['hɛj], [ha'lʲoː]
Bom dia! (de manhã)	God morgon!	[ˌgʊd 'mɔrgɔn]
Boa tarde!	God dag!	[ˌgʊd 'dag]
Boa noite!	God kväll!	[ˌgʊd 'kvɛlʲ]
cumprimentar (vt)	att hälsa	[at 'hɛlʲsa]
Olá!	Hej!	['hɛj]
saudação (f)	hälsning (en)	['hɛlʲsniŋ]
saudar (vt)	att hälsa	[at 'hɛlʲsa]
Como vai?	Hur står det till?	[hʉr sto: de 'tilʲ]
Como vais?	Hur är det?	[hʉr ɛr 'de:]
O que há de novo?	Vad är nytt?	[vad æ:r 'nʏt]
Adeus! (formal)	Adjö! Hej då!	[a'jø:], [hɛj'do:]
Até à vista! (informal)	Hej då!	[hɛj'do:]
Até breve!	Vi ses!	[vi ses]
Adeus!	Adjö! Farväl!	[a'jø:], [far'vɛ:lʲ]
despedir-se (vr)	att säga adjö	[at 'sɛ:ja a'jø:]
Até logo!	Hej då!	[hɛj'do:]
Obrigado! -a!	Tack!	['tak]
Muito obrigado! -a!	Tack så mycket!	['tak sɔ 'mʏkə]
De nada	Varsågod	['va:ʂoːgʊd]
Não tem de quê	Ingen orsak!	['iŋən 'ʊːʂak]
De nada	Ingen orsak!	['iŋən 'ʊːʂak]
Desculpa!	Ursäkta, ...	['ʉːˌʂɛkta ...]
Desculpe!	Ursäkta mig, ...	['ʉːˌʂɛkta mɛj ...]

Português	Sueco	Pronúncia
desculpar (vt)	att ursäkta	[at 'ʉːˌsɛkta]
desculpar-se (vr)	att ursäkta sig	[at 'ʉːˌsɛkta sɛj]
As minhas desculpas	Jag ber om ursäkt	[ja ber ɔm 'ʉːˌsɛkt]
Desculpe!	Förlåt!	[fœː'lʲoːt]
perdoar (vt)	att förlåta	[at 'fœːˌlʲoːta]
Não faz mal	Det gör inget	[dɛ jør 'iŋet]
por favor	snälla	['snɛla]
Não se esqueça!	Glöm inte!	['glʲøːm 'intə]
Certamente! Claro!	Naturligtvis!	[na'tʉrligvis]
Claro que não!	Självklart inte!	['ɧɛlʲvklʲaṯ 'intə]
Está bem! De acordo!	OK! Jag håller med.	[ɔ'kej] , [ja 'hoːlʲer me]
Basta!	Det räcker!	[dɛ 'rɛkə]

3. Como se dirigir a alguém

Português	Sueco	Pronúncia
Desculpe (para chamar a atenção)	Ursäkta, ...	['ʉːˌsɛkta ...]
senhor	herr	['hɛr]
senhora	frun	['frʉːn]
rapariga	fröken	['frøːkən]
rapaz	unge man	['uŋə ˌman]
menino	pojke	['pɔjkə]
menina	flicka	['flika]

4. Números cardinais. Parte 1

Português	Sueco	Pronúncia
zero	noll	['nɔlʲ]
um	ett	[ɛt]
dois	två	['tvoː]
três	tre	['treː]
quatro	fyra	['fyra]
cinco	fem	['fem]
seis	sex	['sɛks]
sete	sju	['ɧʉː]
oito	åtta	['ota]
nove	nio	['niːʊ]
dez	tio	['tiːʊ]
onze	elva	['ɛlʲva]
doze	tolv	['tɔlʲv]
treze	tretton	['trɛtːɔn]
catorze	fjorton	['fjʊːʈɔn]
quinze	femton	['fɛmtɔn]
dezasseis	sexton	['sɛkstɔn]
dezassete	sjutton	['ɧʉːtːɔn]
dezoito	arton	['aːʈɔn]
dezanove	nitton	['niːtːɔn]
vinte	tjugo	['ɕʉgʊ]
vinte e um	tjugoett	['ɕʉgʊˌɛt]

vinte e dois	tjugotvå	[ˈɕɵgʉˌtvoː]
vinte e três	tjugotre	[ˈɕɵgʉˌtreː]
trinta	trettio	[ˈtrɛttiʉ]
trinta e um	trettioett	[ˈtrɛttiʉˌɛt]
trinta e dois	trettiotvå	[ˈtrɛttiʉˌtvoː]
trinta e três	trettiotre	[ˈtrɛttiʉˌtreː]
quarenta	fyrtio	[ˈfœːʈiʉ]
quarenta e um	fyrtioett	[ˈfœːʈiʉˌɛt]
quarenta e dois	fyrtiotvå	[ˈfœːʈiʉˌtvoː]
quarenta e três	fyrtiotre	[ˈfœːʈiʉˌtreː]
cinquenta	femtio	[ˈfɛmtiʉ]
cinquenta e um	femtioett	[ˈfɛmtiʉˌɛt]
cinquenta e dois	femtiotvå	[ˈfɛmtiʉˌtvoː]
cinquenta e três	femtiotre	[ˈfɛmtiʉˌtreː]
sessenta	sextio	[ˈsɛkstiʉ]
sessenta e um	sextioett	[ˈsɛkstiʉˌɛt]
sessenta e dois	sextiotvå	[ˈsɛkstiʉˌtvoː]
sessenta e três	sextiotre	[ˈsɛkstiʉˌtreː]
setenta	sjuttio	[ˈʃuttiʉ]
setenta e um	sjuttioett	[ˈʃuttiʉˌɛt]
setenta e dois	sjuttiotvå	[ˈʃuttiʉˌtvoː]
setenta e três	sjuttiotre	[ˈʃuttiʉˌtreː]
oitenta	åttio	[ˈottiʉ]
oitenta e um	åttioett	[ˈottiʉˈɛt]
oitenta e dois	åttiotvå	[ˈottiʉˌtvoː]
oitenta e três	åttiotre	[ˈottiʉˌtreː]
noventa	nittio	[ˈnittiʉ]
noventa e um	nittioett	[ˈnittiʉˌɛt]
noventa e dois	nittiotvå	[ˈnittiʉˌtvoː]
noventa e três	nittiotre	[ˈnittiʉˌtreː]

5. Números cardinais. Parte 2

cem	hundra (ett)	[ˈhundra]
duzentos	tvåhundra	[ˈtvoːˌhundra]
trezentos	trehundra	[ˈtreˌhundra]
quatrocentos	fyrahundra	[ˈfyraˌhundra]
quinhentos	femhundra	[ˈfemˌhundra]
seiscentos	sexhundra	[ˈsɛksˌhundra]
setecentos	sjuhundra	[ˈʃʉːˌhundra]
oitocentos	åttahundra	[ˈotaˌhundra]
novecentos	niohundra	[ˈniʉˌhundra]
mil	tusen (ett)	[ˈtʉːsən]
dois mil	tvåtusen	[ˈtvoːˌtʉːsən]
De quem são ...?	tretusen	[ˈtreːˌtʉːsən]

dez mil	tiotusen	['tiːʊˌtʉːsən]
cem mil	hundratusen	['hundraˌtʉːsən]
um milhão	miljon (en)	[mi'ljʊn]
mil milhões	miljard (en)	[mi'ljaːd]

6. Números ordinais

primeiro	första	['fœːʂta]
segundo	andra	['andra]
terceiro	tredje	['trɛdjə]
quarto	fjärde	['fjæːdə]
quinto	femte	['fɛmtə]
sexto	sjätte	['ɧæːtə]
sétimo	sjunde	['ɧundə]
oitavo	åttonde	['ɔttɔndə]
nono	nionde	['niːˌʊndə]
décimo	tionde	['tiːˌɔndə]

7. Números. Frações

fração (f)	bråk (ett)	['broːk]
um meio	en halv	[en 'halʲv]
um terço	en tredjedel	[en 'trɛdjəˌdelʲ]
um quarto	en fjärdedel	[en 'fjæːdeˌdelʲ]
um oitavo	en åttondedel	[en 'otɔndeˌdelʲ]
um décimo	en tiondedel	[en 'tiːɔndeˌdelʲ]
dois terços	två tredjedelar	['tvo: 'trɛdjəˌdelʲar]
três quartos	tre fjärdedelar	[tre: 'fjæːdeˌdelʲar]

8. Números. Operações básicas

subtração (f)	subtraktion (en)	[subtrak'ɧʊn]
subtrair (vi, vt)	att subtrahera	[at subtra'hera]
divisão (f)	division (en)	[divi'ɧʊn]
dividir (vt)	att dividera	[at divi'dera]
adição (f)	addition (en)	[adi'ɧʊn]
somar (vt)	att addera	[at a'deːra]
adicionar (vt)	att addera	[at a'deːra]
multiplicação (f)	multiplikation (en)	[mʉlʲtiplika'ɧʊn]
multiplicar (vt)	att multiplicera	[at mʉlʲtipli'sera]

9. Números. Diversos

algarismo, dígito (m)	siffra (en)	['sifra]
número (m)	tal (ett)	['talʲ]

numeral (m)	räkneord (ett)	['rɛknəˌʉːd]
menos (m)	minus (ett)	['minus]
mais (m)	plus (ett)	['plʉs]
fórmula (f)	formel (en)	['fɔrməlʲ]
cálculo (m)	beräkning (en)	[be'rɛkniŋ]
contar (vt)	att räkna	[at 'rɛkna]
calcular (vt)	att beräkna	[at be'rɛkna]
comparar (vt)	att jämföra	[at 'jɛmˌføra]
Quanto?	Hur mycket?	[hʉr 'mʏkə]
Quantos? -as?	Hur många?	[hʉr 'mɔŋa]
soma (f)	summa (en)	['suma]
resultado (m)	resultat (ett)	[resulʲ'tat]
resto (m)	rest (en)	['rɛst]
alguns, algumas ...	flera	['flʲera]
poucos, -as (~ pessoas)	få, inte många	['foː], ['intə ˌmɔŋa]
um pouco (~ de vinho)	lite	['litə]
resto (m)	det övriga	[dɛ øv'riga]
um e meio	halvannan	[halʲ'vanan]
dúzia (f)	dussin (ett)	['dusin]
ao meio	i hälften	[i 'hɛlʲftən]
em partes iguais	jämnt	['jɛmnt]
metade (f)	halva (en)	['halʲˌva]
vez (f)	gång (en)	['gɔŋ]

10. Os verbos mais importantes. Parte 1

abrir (vt)	att öppna	[at 'øpna]
acabar, terminar (vt)	att sluta	[at 'slʉːta]
aconselhar (vt)	att råda	[at 'roːda]
adivinhar (vt)	att gissa	[at 'jisa]
advertir (vt)	att varna	[at 'vaːɳa]
ajudar (vt)	att hjälpa	[at 'jɛlʲpa]
almoçar (vi)	att äta lunch	[at 'ɛːta ˌlʉnɕ]
alugar (~ um apartamento)	att hyra	[at 'hyra]
amar (vt)	att älska	[at 'ɛlʲska]
ameaçar (vt)	att hota	[at 'huta]
anotar (escrever)	att skriva ner	[at 'skriva ner]
apanhar (vt)	att fånga	[at 'fɔŋa]
apressar-se (vr)	att skynda sig	[at 'ɧynda sɛj]
arrepender-se (vr)	att beklaga	[at be'klʲaga]
assinar (vt)	att underteckna	[at 'undəˌtɛkna]
atirar, disparar (vi)	att skjuta	[at 'ɧʉːta]
brincar (vi)	att skämta, att skoja	[at 'ɧɛmta], [at 'skɔja]
brincar, jogar (crianças)	att leka	[at 'lʲeka]
buscar (vt)	att söka ...	[at 'søːka ...]
caçar (vi)	att jaga	[at 'jaga]

cair (vi)	att falla	[at 'falʲa]
cavar (vt)	att gräva	[at 'grɛ:va]
cessar (vt)	att sluta	[at 'slʉ:ta]
chamar (~ por socorro)	att tillkalla	[at 'tilˌkalʲa]
chegar (vi)	att ankomma	[at 'aŋˌkɔma]
chorar (vi)	att gråta	[at 'gro:ta]
começar (vt)	att begynna	[at be'jina]
comparar (vt)	att jämföra	[at 'jɛmˌføra]
compreender (vt)	att förstå	[at fœ:'ʂto:]
concordar (vi)	att samtycka	[at 'samˌtʏka]
confiar (vt)	att lita på	[at 'lita pɔ]
confundir (equivocar-se)	att förväxla	[at før'vɛkslʲa]
conhecer (vt)	att känna	[at 'ɕɛna]
contar (fazer contas)	att räkna	[at 'rɛkna]
contar com (esperar)	att räkna med ...	[at 'rɛkna me ...]
continuar (vt)	att fortsätta	[at 'fʊtˌsæta]
controlar (vt)	att kontrollera	[at kɔntrɔ'lʲera]
convidar (vt)	att inbjuda, att invitera	[at in'bjʉ:da], [at invi'tera]
correr (vi)	att löpa, att springa	[at 'lʲø:pa], [at 'spriŋa]
criar (vt)	att skapa	[at 'skapa]
custar (vt)	att kosta	[at 'kɔsta]

11. Os verbos mais importantes. Parte 2

dar (vt)	att ge	[at je:]
dar uma dica	att ge en vink	[at je: en 'viŋk]
decorar (enfeitar)	att pryda	[at 'pryda]
defender (vt)	att försvara	[at fœ:'ʂvara]
deixar cair (vt)	att tappa	[at 'tapa]
descer (para baixo)	att gå ned	[at 'go: ˌned]
desculpar (vt)	att ursäkta	[at 'ʉ:ˌsɛkta]
desculpar-se (vr)	att ursäkta sig	[at 'ʉ:ˌsɛkta sɛj]
dirigir (~ uma empresa)	att styra, att leda	[at 'styra], [at 'lʲeda]
discutir (notícias, etc.)	att diskutera	[at diskʉ'tera]
dizer (vt)	att säga	[at 'sɛ:ja]
duvidar (vt)	att tvivla	[at 'tvivlʲa]
encontrar (achar)	att finna	[at 'fina]
enganar (vt)	att fuska	[at 'fʉska]
entrar (na sala, etc.)	att komma in	[at 'kɔma 'in]
enviar (uma carta)	att skicka	[at 'ɧika]
errar (equivocar-se)	att göra fel	[at 'jø:ra ˌfelʲ]
escolher (vt)	att välja	[at 'vɛlja]
esconder (vt)	att gömma	[at 'jœma]
escrever (vt)	att skriva	[at 'skriva]
esperar (o autocarro, etc.)	att vänta	[at 'vɛnta]
esquecer (vt)	att glömma	[at 'glʲœma]
estudar (vt)	att studera	[at stu'dera]
exigir (vt)	att kräva	[at 'krɛ:va]

existir (vi)	att existera	[at ɛksi'stera]
explicar (vt)	att förklara	[at før'klʲara]
falar (vi)	att tala	[at 'talʲa]
faltar (clases, etc.)	att missa	[at 'misa]
fazer (vt)	att göra	[at 'jø:ra]
ficar em silêncio	att tiga	[at 'tiga]
gabar-se, jactar-se (vr)	att skryta	[at 'skryta]
gostar (apreciar)	att gilla	[at 'jilʲa]
gritar (vi)	att skrika	[at 'skrika]
guardar (cartas, etc.)	att behålla	[at be'ho:lʲa]
informar (vt)	att informera	[at infɔr'mera]
insistir (vi)	att insistera	[at insi'stera]
insultar (vt)	att förolämpa	[at 'førʊˌlʲɛmpa]
interessar-se (vr)	att intressera sig	[at intrɛ'sera sɛj]
ir (a pé)	att gå	[at 'go:]
ir nadar	att bada	[at 'bada]
jantar (vi)	att äta kvällsmat	[at 'ɛ:ta 'kvɛlʲsˌmat]

12. Os verbos mais importantes. Parte 3

ler (vt)	att läsa	[at 'lʲɛ:sa]
libertar (cidade, etc.)	att befria	[at be'fria]
matar (vt)	att döda, att mörda	[at 'dø:da], [at 'mø:da]
mencionar (vt)	att omnämna	[at 'ɔmˌnɛmna]
mostrar (vt)	att visa	[at 'visa]
mudar (modificar)	att ändra	[at 'ɛndra]
nadar (vi)	att simma	[at 'sima]
negar-se a ...	att vägra	[at 'vɛgra]
objetar (vt)	att invända	[at 'inˌvɛnda]
observar (vt)	att observera	[at ɔbsɛr'vera]
ordenar (mil.)	att beordra	[at be'o:dra]
ouvir (vt)	att höra	[at 'hø:ra]
pagar (vt)	att betala	[at be'talʲa]
parar (vi)	att stanna	[at 'stana]
participar (vi)	att delta	[at 'dɛlʲta]
pedir (comida)	att beställa	[at be'stɛlʲa]
pedir (um favor, etc.)	att be	[at 'be:]
pegar (tomar)	att ta	[at ta]
pensar (vt)	att tänka	[at 'tɛŋka]
perceber (ver)	att märka	[at 'mæ:rka]
perdoar (vt)	att förlåta	[at 'fœ:ˌlʲo:ta]
perguntar (vt)	att fråga	[at 'fro:ga]
permitir (vt)	att tillåta	[at 'tilʲo:ta]
pertencer a ...	att tillhöra ...	[at 'tilʲˌhø:ra ...]
planear (vt)	att planera	[at plʲa'nera]
poder (vi)	att kunna	[at 'kuna]
possuir (vt)	att besitta, att äga	[at be'sita], [at 'ɛ:ga]

preferir (vt)	att föredra	[at 'førədra]
preparar (vt)	att laga	[at 'lʲaga]

prever (vt)	att förutse	[at 'førʉtˌsə]
prometer (vt)	att lova	[at 'lʲova]
pronunciar (vt)	att uttala	[at 'ʉtˌtalʲa]
propor (vt)	att föreslå	[at 'førəˌslʲoː]
punir (castigar)	att straffa	[at 'strafa]

13. Os verbos mais importantes. Parte 4

quebrar (vt)	att bryta	[at 'bryta]
queixar-se (vr)	att klaga	[at 'klʲaga]
querer (desejar)	att vilja	[at 'vilja]
recomendar (vt)	att rekommendera	[at rekɔmən'dera]
repetir (dizer outra vez)	att upprepa	[at 'uprepa]

repreender (vt)	att skälla	[at 'ɧɛlʲa]
reservar (~ um quarto)	att reservera	[at resɛr'vera]
responder (vt)	att svara	[at 'svara]
rezar, orar (vi)	att be	[at 'beː]
rir (vi)	att skratta	[at 'skrata]

roubar (vt)	att stjäla	[at 'ɧɛːlʲa]
saber (vt)	att veta	[at 'veta]
sair (~ de casa)	att gå ut	[at 'goː ʉt]
salvar (vt)	att rädda	[at 'rɛda]
seguir ...	att följa efter ...	[at 'følja 'ɛftər ...]

sentar-se (vr)	att sätta sig	[at 'sæta sɛj]
ser necessário	att vara behövd	[at 'vara be'høːvd]
ser, estar	att vara	[at 'vara]
significar (vt)	att betyda	[at be'tyda]

sorrir (vi)	att småle	[at 'smoːlʲe]
subestimar (vt)	att underskatta	[at 'undəˌskata]
surpreender-se (vr)	att bli förvånad	[at bli før'voːnad]
tentar (vt)	att pröva	[at 'prøːva]

ter (vt)	att ha	[at 'ha]
ter fome	att vara hungrig	[at 'vara 'huŋrig]
ter medo	att frukta	[at 'frʉkta]
ter sede	att vara törstig	[at 'vara 'tøːʂtig]

tocar (com as mãos)	att röra	[at 'røːra]
tomar o pequeno-almoço	att äta frukost	[at 'ɛːta 'frʉːkɔst]
trabalhar (vi)	att arbeta	[at 'arˌbeta]
traduzir (vt)	att översätta	[at 'øːvəˌsæta]
unir (vt)	att förena	[at 'førena]

vender (vt)	att sälja	[at 'sɛlja]
ver (vt)	att se	[at 'seː]
virar (ex. ~ à direita)	att svänga	[at 'svɛŋa]
voar (vi)	att flyga	[at 'flʲyga]

14. Cores

cor (f)	färg (en)	['fæːrj]
matiz (m)	nyans (en)	[nyˈans]
tom (m)	färgton (en)	['fæːrjˌtʊn]
arco-íris (m)	regnbåge (en)	['rɛgnˌboːgə]
branco	vit	['vit]
preto	svart	['svaːt̪]
cinzento	grå	['groː]
verde	grön	['grøːn]
amarelo	gul	['gʉːlʲ]
vermelho	röd	['røːd]
azul	blå	['blʲoː]
azul claro	ljusblå	['jʉːsˌblʲoː]
rosa	rosa	['rɔsa]
laranja	orange	[ɔˈranʃ]
violeta	violett	[viʊˈlʲet]
castanho	brun	['brʉːn]
dourado	guld-	['gulʲd-]
prateado	silver-	['silʲvər-]
bege	beige	['bɛʃ]
creme	cremefärgad	['krɛːmˌfæːrjad]
turquesa	turkos	[turˈkoːs]
vermelho cereja	körsbärsröd	['ɕøːʂbæːʂˌrøːd]
lilás	lila	['lilʲa]
carmesim	karmosinröd	[karˈmosinˌrøːd]
claro	ljus	['jʉːs]
escuro	mörk	['mœrk]
vivo	klar	['klʲar]
de cor	färg-	['fæːrj-]
a cores	färg-	['fæːrj-]
preto e branco	svartvit	['svaːt̪ˌvit]
unicolor	enfärgad	['ɛnˌfæːrjad]
multicor	mångfärgad	['mɔŋˌfæːrjad]

15. Questões

Quem?	Vem?	['vem]
Que?	Vad?	['vad]
Onde?	Var?	['var]
Para onde?	Vart?	['vaːt̪]
De onde?	Varifrån?	['varifroːn]
Quando?	När?	['næːr]
Para quê?	Varför?	['vaːføːr]
Porquê?	Varför?	['vaːføːr]
Para quê?	För vad?	['før vad]

Como?	Hur?	['hɵ:r]
Qual?	Vilken?	['vilʲkən]
Qual? (entre dois ou mais)	Vilken?	['vilʲkən]

A quem?	Till vem?	[tilʲ 'vem]
Sobre quem?	Om vem?	[ɔm 'vem]
Do quê?	Om vad?	[ɔm 'vad]
Com quem?	Med vem?	[me 'vem]

Quantos? -as?	Hur många?	[hɵr 'mɔŋa]
Quanto?	Hur mycket?	[hɵr 'mʏkə]
De quem? (masc.)	Vems?	['vɛms]

16. Preposições

com (prep.)	med	['me]
sem (prep.)	utan	['ɵtan]
a, para (exprime lugar)	till	['tilʲ]
sobre (ex. falar ~)	om	['ɔm]
antes de ...	för, inför	['fø:r], ['infø:r]
diante de ...	framför	['framfø:r]

sob (debaixo de)	under	['undər]
sobre (em cima de)	över	['ø:vər]
sobre (~ a mesa)	på	[pɔ]
de (vir ~ Lisboa)	från	['frɔn]
de (feito ~ pedra)	av	[av]

| dentro de (~ dez minutos) | om | ['ɔm] |
| por cima de ... | över | ['ø:vər] |

17. Palavras funcionais. Advérbios. Parte 1

Onde?	Var?	['var]
aqui	här	['hæ:r]
lá, ali	där	['dæ:r]

| em algum lugar | någonstans | ['nɔ:gɔn‚stans] |
| em lugar nenhum | ingenstans | ['iŋən‚stans] |

| ao pé de ... | vid | ['vid] |
| ao pé da janela | vid fönstret | [vid 'fœnstrət] |

Para onde?	Vart?	['va:t]
para cá	hit	['hit]
para lá	dit	['dit]
daqui	härifrån	['hæ:ri‚frɔ:n]
de lá, dali	därifrån	['dæ:ri‚frɔ:n]

perto	nära	['næ:ra]
longe	långt	['lʲɔŋt]
perto de ...	nära	['næ:ra]

ao lado de	i närheten	[i 'næːrˌhetən]
perto, não fica longe	inte långt	['intə 'lʲɔŋt]
esquerdo	vänster	['vɛnstər]
à esquerda	till vänster	[tilʲ 'vɛnstər]
para esquerda	till vänster	[tilʲ 'vɛnstər]
direito	höger	['høːgər]
à direita	till höger	[tilʲ 'høːgər]
para direita	till höger	[tilʲ 'høːgər]
à frente	framtill	['framtilʲ]
da frente	främre	['frɛmrə]
em frente (para a frente)	framåt	['framoːt]
atrás de ...	bakom, baktill	['bakɔm], ['bak'tilʲ]
por detrás (vir ~)	bakifrån	['bakiˌfroːn]
para trás	tillbaka	[tilʲ"baka]
meio (m), metade (f)	mitt (en)	['mit]
no meio	i mitten	[i 'mitən]
de lado	från sidan	[frɔn 'sidan]
em todo lugar	överallt	['øːvərˌalʲt]
ao redor (olhar ~)	runt omkring	[runt ɔm'kriŋ]
de dentro	inifrån	['iniˌfroːn]
para algum lugar	någonstans	['noːgɔnˌstans]
diretamente	rakt, rakt fram	['rakt], ['rakt fram]
de volta	tillbaka	[tilʲ"baka]
de algum lugar	från var som helst	[frɔn va sɔm 'hɛlʲst]
de um lugar	från någonstans	[frɔn 'noːgɔnˌstans]
em primeiro lugar	för det första	['før de 'fœːʂta]
em segundo lugar	för det andra	['før de 'andra]
em terceiro lugar	för det tredje	['før de 'trɛdjə]
de repente	plötsligt	['plʲøtslit]
no início	i början	[i 'bœrjan]
pela primeira vez	för första gången	['før 'fœːʂta 'gɔŋən]
muito antes de ...	långt innan ...	['lʲɔŋt 'inan ...]
de novo, novamente	på nytt	[pɔ 'nʏt]
para sempre	för gott	[før 'gɔt]
nunca	aldrig	['alʲdrig]
de novo	igen	['ijɛn]
agora	nu	['nʉː]
frequentemente	ofta	['ɔfta]
então	då	['doː]
urgentemente	brådskande	['brɔˌskandə]
usualmente	vanligtvis	['vanˌlitvis]
a propósito, ...	förresten ...	[fœː'rɛstən ...]
é possível	möjligen	['mœjligən]
provavelmente	sannolikt	[sanʊ'likt]

talvez	kanske	['kanhə]
além disso, ...	dessutom ...	[des'ɵ:tʊm ...]
por isso ...	därför ...	['dæ:før ...]
apesar de ...	i trots av ...	[i 'trɔts av ...]
graças a ...	tack vare ...	['tak ˌvarə ...]
que (pron.)	vad	['vad]
que (conj.)	att	[at]
algo	något	['no:gɔt]
alguma coisa	något	['no:gɔt]
nada	ingenting	['iŋəntiŋ]
quem	vem	['vem]
alguém (~ teve uma ideia ...)	någon	['no:gɔn]
alguém	någon	['no:gɔn]
ninguém	ingen	['iŋən]
para lugar nenhum	ingenstans	['iŋənˌstans]
de ninguém	ingens	['iŋəns]
de alguém	någons	['no:gɔns]
tão	så	['so:]
também (gostaria ~ de ...)	också	['ɔkso:]
também (~ eu)	också	['ɔkso:]

18. Palavras funcionais. Advérbios. Parte 2

Porquê?	Varför?	['va:fø:r]
por alguma razão	av någon anledning	[av 'no:gɔn 'anˌlʲedniŋ]
porque ...	därför att ...	['dæ:før at ...]
por qualquer razão	av någon anledning	[av 'no:gɔn 'anˌlʲedniŋ]
e (tu ~ eu)	och	['ɔ]
ou (ser ~ não ser)	eller	['ɛlʲer]
mas (porém)	men	['men]
para (~ a minha mãe)	för, till	['fø:r]
demasiado, muito	för, alltför	['fø:r], ['alʲtfø:r]
só, somente	bara, endast	['bara], ['ɛndast]
exatamente	precis, exakt	[prɛ'sis], [ɛk'sakt]
cerca de (~ 10 kg)	cirka	['sirka]
aproximadamente	ungefär	['ʊŋəˌfæ:r]
aproximado	ungefärlig	['ʊŋəˌfæ:lʲig]
quase	nästan	['nɛstan]
resto (m)	rest (en)	['rɛst]
o outro (segundo)	den andra	[dɛn 'andra]
outro	andre	['andrə]
cada	var	['var]
qualquer	vilken som helst	['vilʲkən sɔm 'hɛlʲst]
muito	mycken, mycket	['mʏkən], ['mʏkə]
muitas pessoas	många	['mɔŋa]
todos	alla	['alʲa]

em troca de ...	i gengäld för ...	[i 'jɛŋɛld ˌfør ...]
em troca	i utbyte	[i 'ʉtˌbytə]
à mão	för hand	[før 'hand]
pouco provável	knappast	['knapast]

provavelmente	sannolikt	[sanʉ'likt]
de propósito	med flit, avsiktligt	[me flit], ['avsiktlit]
por acidente	tillfälligtvis	['tilʲfɔlitvis]

muito	mycket	['mʏkə]
por exemplo	till exempel	[tilʲ ɛk'sɛmpəl]
entre	mellan	['mɛlʲan]
entre (no meio de)	bland	['blʲand]
tanto	så mycket	[sɔ 'mʏkə]
especialmente	särskilt	['sæːˌʂilʲt]

Conceitos básicos. Parte 2

19. Dias da semana

segunda-feira (f)	måndag (en)	[ˈmɔnˌdag]
terça-feira (f)	tisdag (en)	[ˈtisˌdag]
quarta-feira (f)	onsdag (en)	[ˈʊnsˌdag]
quinta-feira (f)	torsdag (en)	[ˈtuːʂˌdag]
sexta-feira (f)	fredag (en)	[ˈfreˌdag]
sábado (m)	lördag (en)	[ˈlʲøːdɑg]
domingo (m)	söndag (en)	[ˈsœnˌdag]
hoje	i dag	[i ˈdag]
amanhã	i morgon	[i ˈmɔrgɔn]
depois de amanhã	i övermorgon	[i ˈøːvəˌmɔrgɔn]
ontem	i går	[i ˈgoːr]
anteontem	i förrgår	[i ˈfœːrˌgoːr]
dia (m)	dag (en)	[ˈdag]
dia (m) de trabalho	arbetsdag (en)	[ˈarbetsˌdag]
feriado (m)	helgdag (en)	[ˈhɛljˌdag]
dia (m) de folga	ledig dag (en)	[ˈlʲedig ˌdag]
fim (m) de semana	helg, veckohelg (en)	[hɛlj], [ˈvɛkɔˌhɛlj]
o dia todo	hela dagen	[ˈhelʲa ˈdagən]
no dia seguinte	nästa dag	[ˈnɛsta ˌdag]
há dois dias	för två dagar sedan	[før ˌtvoː ˈdagar ˈsedan]
na véspera	dagen innan	[ˈdagən ˈinan]
diário	daglig	[ˈdaglig]
todos os dias	varje dag	[ˈvarjə dag]
semana (f)	vecka (en)	[ˈvɛka]
na semana passada	förra veckan	[ˈfœːra ˈvɛkan]
na próxima semana	i nästa vecka	[i ˈnɛsta ˈvɛka]
semanal	vecko-	[ˈvɛkɔ-]
cada semana	varje vecka	[ˈvarjə ˈvɛka]
duas vezes por semana	två gångar i veckan	[tvoː ˈgɔŋar i ˈvɛkan]
cada terça-feira	varje tisdag	[ˈvarjə ˌtisdag]

20. Horas. Dia e noite

manhã (f)	morgon (en)	[ˈmɔrgɔn]
de manhã	på morgonen	[pɔ ˈmɔrgɔnən]
meio-dia (m)	middag (en)	[ˈmidˌdag]
à tarde	på eftermiddagen	[pɔ ˈɛftəˌmidagən]
noite (f)	kväll (en)	[kvɛlʲ]
à noite (noitinha)	på kvällen	[pɔ ˈkvɛlʲen]

noite (f)	natt (en)	['nat]
à noite	om natten	[ɔm 'natən]
meia-noite (f)	midnatt (en)	['mid.nat]

segundo (m)	sekund (en)	[se'kund]
minuto (m)	minut (en)	[mi'nʉ:t]
hora (f)	timme (en)	['timə]
meia hora (f)	halvtimme (en)	['halʲv.timə]
quarto (m) de hora	kvart (en)	['kva:t]
quinze minutos	femton minuter	['fɛmtɔn mi'nʉ:tər]
vinte e quatro horas	dygn (ett)	['dʏgn]

nascer (m) do sol	soluppgång (en)	['sʊlʲ ˌup'gɔŋ]
amanhecer (m)	gryning (en)	['gryniŋ]
madrugada (f)	tidig morgon (en)	['tidig 'mɔrgɔn]
pôr do sol (m)	solnedgång (en)	['sʊlʲ 'ned.gɔŋ]

de madrugada	tidigt på morgonen	['tidit pɔ 'mɔrgɔnən]
hoje de manhã	i morse	[i 'mɔ:ʂə]
amanhã de manhã	i morgon bitti	[i 'mɔrgɔn 'biti]

hoje à tarde	i eftermiddag	[i 'ɛftə.midag]
à tarde	på eftermiddagen	[pɔ 'ɛftə.midagən]
amanhã à tarde	i morgon eftermiddag	[i 'mɔrgɔn 'ɛftə.midag]

hoje à noite	i kväll	[i 'kvɛlʲ]
amanhã à noite	i morgon kväll	[i 'mɔrgɔn 'kvɛlʲ]

às três horas em ponto	precis klockan tre	[prɛ'sis 'klʲɔkan tre:]
por volta das quatro	vid fyratiden	[vid 'fyra.tidən]
às doze	vid klockan tolv	[vid 'klʲɔkan 'tɔlʲv]

dentro de vinte minutos	om tjugo minuter	[ɔm 'ɕʉgɔ mi'nʉ:tər]
dentro duma hora	om en timme	[ɔm en 'timə]
a tempo	i tid	[i 'tid]

menos um quarto	kvart i ...	['kva:t i ...]
durante uma hora	inom en timme	['inɔm en 'timə]
a cada quinze minutos	varje kvart	['varjə kva:t]
as vinte e quatro horas	dygnet runt	['dʏŋnet ˌrunt]

21. Meses. Estações

janeiro (m)	januari	['janu.ari]
fevereiro (m)	februari	[fɛbrʉ'ari]
março (m)	mars	['ma:ʂ]
abril (m)	april	[a'prilʲ]
maio (m)	maj	['maj]
junho (m)	juni	['ju:ni]

julho (m)	juli	['ju:li]
agosto (m)	augusti	[au'gusti]
setembro (m)	september	[sɛp'tɛmbər]
outubro (m)	oktober	[ɔk'tʊbər]

novembro (m)	**november**	[nɔ'vɛmbər]
dezembro (m)	**december**	[de'sɛmbər]
primavera (f)	**vår (en)**	['voːr]
na primavera	**på våren**	[pɔ 'voːrən]
primaveril	**vår-**	['voːr-]
verão (m)	**sommar (en)**	['sɔmar]
no verão	**på sommaren**	[pɔ 'sɔmarən]
de verão	**sommar-**	['sɔmar-]
outono (m)	**höst (en)**	['høst]
no outono	**på hösten**	[pɔ 'høstən]
outonal	**höst-**	['høst-]
inverno (m)	**vinter (en)**	['vintər]
no inverno	**på vintern**	[pɔ 'vintərn]
de inverno	**vinter-**	['vintər-]
mês (m)	**månad (en)**	['moːnad]
este mês	**den här månaden**	[dɛn hæːr 'moːnadən]
no próximo mês	**nästa månad**	['nɛsta 'moːnad]
no mês passado	**förra månaden**	['fœːra 'moːnadən]
há um mês	**för en månad sedan**	['før en 'moːnad 'sedan]
dentro de um mês	**om en månad**	[ɔm en 'moːnad]
dentro de dois meses	**om två månader**	[ɔm tvoː 'moːnadər]
todo o mês	**en hel månad**	[en helʲ 'moːnad]
um mês inteiro	**hela månaden**	['helʲa 'moːnadən]
mensal	**månatlig**	[moˈnatlig]
mensalmente	**månatligen**	[moˈnatligən]
cada mês	**varje månad**	['varjə ˌmoːnad]
duas vezes por mês	**två gånger i månaden**	[tvoː 'gɔŋər i 'mɔːnadən]
ano (m)	**år (ett)**	['oːr]
este ano	**i år**	[i 'oːr]
no próximo ano	**nästa år**	['nɛsta ˌoːr]
no ano passado	**i fjol, förra året**	[i 'fjʊlʲ], ['fœːra 'oːret]
há um ano	**för ett år sedan**	['før et 'oːr 'sedan]
dentro dum ano	**om ett år**	[ɔm et 'oːr]
dentro de 2 anos	**om två år**	[ɔm tvoː 'oːr]
todo o ano	**ett helt år**	[et helʲt 'oːr]
um ano inteiro	**hela året**	['helʲa 'oːret]
cada ano	**varje år**	['varjə 'oːr]
anual	**årlig**	['oːlʲig]
anualmente	**årligen**	['oːlʲigən]
quatro vezes por ano	**fyra gånger om året**	['fyra 'gɔŋər ɔm 'oːret]
data (~ de hoje)	**datum (ett)**	['datum]
data (ex. ~ de nascimento)	**datum (ett)**	['datum]
calendário (m)	**almanacka (en)**	['alʲmanaka]
meio ano	**halvår (ett)**	['halʲvˌoːr]
seis meses	**halvår (ett)**	['halʲvˌoːr]

estação (f)	årstid (en)	['oːʂˌtid]
século (m)	sekel (ett)	['sekəlʲ]

22. Unidades de medida

peso (m)	vikt (en)	['vikt]
comprimento (m)	längd (en)	[lʲɛŋd]
largura (f)	bredd (en)	['brɛd]
altura (f)	höjd (en)	['hœjd]
profundidade (f)	djup (ett)	['jʉːp]
volume (m)	volym (en)	[vɔ'lʲym]
área (f)	yta, areal (en)	['yta], [are'alʲ]
grama (m)	gram (ett)	['gram]
miligrama (m)	milligram (ett)	['miliˌgram]
quilograma (m)	kilogram (ett)	[ɕilʲɔ'gram]
tonelada (f)	ton (en)	['tʊn]
libra (453,6 gramas)	skålpund (ett)	['skoːlʲˌpund]
onça (f)	uns (ett)	['uns]
metro (m)	meter (en)	['metər]
milímetro (m)	millimeter (en)	['miliˌmetər]
centímetro (m)	centimeter (en)	[sɛnti'metər]
quilómetro (m)	kilometer (en)	[ɕilʲɔ'metər]
milha (f)	mil (en)	['milʲ]
polegada (f)	tum (en)	['tum]
pé (304,74 mm)	fot (en)	['fʊt]
jarda (914,383 mm)	yard (en)	['jaːd]
metro (m) quadrado	kvadratmeter (en)	[kva'dratˌmetər]
hectare (m)	hektar (ett)	[hɛk'tar]
litro (m)	liter (en)	['litər]
grau (m)	grad (en)	['grad]
volt (m)	volt (en)	['vɔlʲt]
ampere (m)	ampere (en)	[am'pɛr]
cavalo-vapor (m)	hästkraft (en)	['hɛstˌkraft]
quantidade (f)	mängd, kvantitet (en)	['mɛŋt], [kwanti'tet]
um pouco de …	få …, inte många …	['foː …], ['intə 'mɔŋa …]
metade (f)	hälft (en)	['hɛlʲft]
dúzia (f)	dussin (ett)	['dusin]
peça (f)	stycke (ett)	['stʏkə]
dimensão (f)	storlek (en)	['stʉːlʲek]
escala (f)	skala (en)	['skalʲa]
mínimo	minimal	[mini'malʲ]
menor, mais pequeno	minst	['minst]
médio	medel	['medəlʲ]
máximo	maximal	[maksi'malʲ]
maior, mais grande	störst	['støːʂt]

23. Recipientes

boião (m) de vidro	glasburk (en)	['glʲas͵burk]
lata (~ de cerveja)	burk (en)	['burk]
balde (m)	hink (en)	['hiŋk]
barril (m)	tunna (en)	['tuna]
bacia (~ de plástico)	tvättfat (ett)	['tvæt͵fat]
tanque (m)	tank (en)	['taŋk]
cantil (m) de bolso	plunta, fickflaska (en)	['plʉnta], ['fik͵flʲaska]
bidão (m) de gasolina	dunk (en)	['duːŋk]
cisterna (f)	tank (en)	['taŋk]
caneca (f)	mugg (en)	['mug]
chávena (f)	kopp (en)	['kop]
pires (m)	tefat (ett)	['te͵fat]
copo (m)	glas (ett)	['glʲas]
taça (f) de vinho	vinglas (ett)	['vin͵glʲas]
panela, caçarola (f)	kastrull, gryta (en)	[ka'strulʲ], ['gryta]
garrafa (f)	flaska (en)	['flʲaska]
gargalo (m)	flaskhals (en)	['flʲask͵halʲs]
jarro, garrafa (f)	karaff (en)	[ka'raf]
jarro (m) de barro	kanna (en) med handtag	['kana me 'han͵tag]
recipiente (m)	behållare (en)	[be'hoːlʲarə]
pote (m)	kruka (en)	['krʉka]
vaso (m)	vas (en)	['vas]
frasco (~ de perfume)	flakong (en)	[flʲa'kɔŋ]
frasquinho (ex. ~ de iodo)	flaska (en)	['flʲaska]
tubo (~ de pasta dentífrica)	tub (en)	['tʉːb]
saca (ex. ~ de açúcar)	säck (en)	['sɛk]
saco (~ de plástico)	påse (en)	['poːsə]
maço (m)	paket (ett)	[pa'ket]
caixa (~ de sapatos, etc.)	ask (en)	['ask]
caixa (~ de madeira)	låda (en)	['lʲoːda]
cesta (f)	korg (en)	['kɔrj]

O SER HUMANO

O ser humano. O corpo

24. Cabeça

cabeça (f)	huvud (ett)	['hʉːvʉd]
cara (f)	ansikte (ett)	['ansiktə]
nariz (m)	näsa (en)	['nɛːsa]
boca (f)	mun (en)	['muːn]

olho (m)	öga (ett)	['øːga]
olhos (m pl)	ögon (pl)	['øːgɔn]
pupila (f)	pupill (en)	[pʉ'pilʲ]
sobrancelha (f)	ögonbryn (ett)	['øːgɔnˌbryn]
pestana (f)	ögonfrans (en)	['øːgɔnˌfrans]
pálpebra (f)	ögonlock (ett)	['øːgɔnˌlʲɔk]

língua (f)	tunga (en)	['tuŋa]
dente (m)	tand (en)	['tand]
lábios (m pl)	läppar (pl)	['lʲɛpar]
maçãs (f pl) do rosto	kindben (pl)	['ɕindˌbeːn]
gengiva (f)	tandkött (ett)	['tandˌɕœt]
palato (m)	gom (en)	['gʉm]

narinas (f pl)	näsborrar (pl)	['nɛːsˌbɔrar]
queixo (m)	haka (en)	['haka]
mandíbula (f)	käke (en)	['ɕɛːkə]
bochecha (f)	kind (en)	['ɕind]

testa (f)	panna (en)	['pana]
têmpora (f)	tinning (en)	['tiniŋ]
orelha (f)	öra (ett)	['øːra]
nuca (f)	nacke (en)	['nakə]
pescoço (m)	hals (en)	['halʲs]
garganta (f)	strupe, hals (en)	['strʉpə], ['halʲs]

cabelos (m pl)	hår (pl)	['hoːr]
penteado (m)	frisyr (en)	[fri'syr]
corte (m) de cabelo	klippning (en)	['klipniŋ]
peruca (f)	peruk (en)	[pe'rʉːk]

bigode (m)	mustasch (en)	[mʉ'staːʃ]
barba (f)	skägg (ett)	['ɧɛg]
usar, ter (~ barba, etc.)	att ha	[at 'ha]
trança (f)	fläta (en)	['flʲɛːta]
suíças (f pl)	polisonger (pl)	[pɔli'sɔŋər]
ruivo	rödhårig	['røːdˌhoːrig]
grisalho	grå	['groː]

calvo	skallig	['skalig]
calva (f)	flint (en)	['flint]
rabo-de-cavalo (m)	hästsvans (en)	['hɛstˌsvans]
franja (f)	lugg, pannlugg (en)	[lʉg], ['panˌlʉg]

25. Corpo humano

mão (f)	hand (en)	['hand]
braço (m)	arm (en)	['arm]
dedo (m)	finger (ett)	['fiŋər]
dedo (m) do pé	tå (en)	['to:]
polegar (m)	tumme (en)	['tumə]
dedo (m) mindinho	lillfinger (ett)	['lilʲˌfiŋər]
unha (f)	nagel (en)	['nagəlʲ]
punho (m)	knytnäve (en)	['knʏtˌnɛ:və]
palma (f) da mão	handflata (en)	['handˌflʲata]
pulso (m)	handled (en)	['handˌlʲed]
antebraço (m)	underarm (en)	['undərˌarm]
cotovelo (m)	armbåge (en)	['armˌbo:gə]
ombro (m)	skuldra (en)	['skʉlʲdra]
perna (f)	ben (ett)	['be:n]
pé (m)	fot (en)	['fʊt]
joelho (m)	knä (ett)	['knɛ:]
barriga (f) da perna	vad (ett)	['vad]
anca (f)	höft (en)	['hœft]
calcanhar (m)	häl (en)	['hɛ:lʲ]
corpo (m)	kropp (en)	['krɔp]
barriga (f)	mage (en)	['magə]
peito (m)	bröst (ett)	['brœst]
seio (m)	bröst (ett)	['brœst]
lado (m)	sida (en)	['sida]
costas (f pl)	rygg (en)	['rʏg]
região (f) lombar	ländrygg (en)	['lʲɛndˌrʏg]
cintura (f)	midja (en)	['midja]
umbigo (m)	navel (en)	['navəlʲ]
nádegas (f pl)	stjärtar, skinkor (pl)	['ɧæ:ˌtar], ['ɧiŋkʊr]
traseiro (m)	bak (en)	['bak]
sinal (m)	leverfläck (ett)	['lʲevərˌflɛk]
sinal (m) de nascença	födelsemärke (ett)	[fø:dəlʲsəˌmæ:rkə]
tatuagem (f)	tatuering (en)	[tatʉ'eriŋ]
cicatriz (f)	ärr (ett)	['ær]

Vestuário & Acessórios

26. Roupa exterior. Casacos

roupa (f)	kläder (pl)	['klʲɛːdər]
roupa (f) exterior	ytterkläder	['ytə͵klʲɛːdər]
roupa (f) de inverno	vinterkläder (pl)	['vintə͵klʲɛːdər]
sobretudo (m)	rock, kappa (en)	['rɔk], ['kapa]
casaco (m) de peles	päls (en)	['pɛlʲs]
casaco curto (m) de peles	pälsjacka (en)	['pɛlʲs͵jaka]
casaco (m) acolchoado	dunjacka (en)	['dʉːn͵jaka]
casaco, blusão (m)	jacka (en)	['jaka]
impermeável (m)	regnrock (en)	['rɛgn͵rɔk]
impermeável	vattentät	['vatən͵tɛt]

27. Vestuário de homem & mulher

camisa (f)	skjorta (en)	['ɧuːʈa]
calças (f pl)	byxor (pl)	['byksʊr]
calças (f pl) de ganga	jeans (en)	['jins]
casaco (m) de fato	kavaj (en)	[ka'vaj]
fato (m)	kostym (en)	[kɔs'tym]
vestido (ex. ~ vermelho)	klänning (en)	['klʲɛniŋ]
saia (f)	kjol (en)	['ɕøːlʲ]
blusa (f)	blus (en)	['bluːs]
casaco (m) de malha	stickad tröja (en)	['stikad 'trøja]
casaco, blazer (m)	dräktjacka, kavaj (en)	['drɛkt 'jaka], ['kavaj]
T-shirt, camiseta (f)	T-shirt (en)	['tiːʃɔːt]
calções (Bermudas, etc.)	shorts (en)	['ʃɔːts]
fato (m) de treino	träningsoverall (en)	['trɛːniŋs ɔve'rɔːlʲ]
roupão (m) de banho	morgonrock (en)	['mɔrgɔn͵rɔk]
pijama (m)	pyjamas (en)	[py'jamas]
suéter (m)	sweater, tröja (en)	['svitər], ['trøja]
pulôver (m)	pullover (en)	[pu'lʲɔːvər]
colete (m)	väst (en)	['vɛst]
fraque (m)	frack (en)	['frak]
smoking (m)	smoking (en)	['smɔkiŋ]
uniforme (m)	uniform (en)	[uni'fɔrm]
roupa (f) de trabalho	arbetskläder (pl)	['arbets͵klʲɛːdər]
fato-macaco (m)	overall (en)	['ɔve͵rɔːlʲ]
bata (~ branca, etc.)	rock (en)	['rɔk]

28. Vestuário. Roupa interior

roupa (f) interior	underkläder (pl)	['undə‚klʲɛːdər]
cuecas boxer (f pl)	underbyxor (pl)	['undə‚byksʊr]
cuecas (f pl)	trosor (pl)	['trʊsʊr]
camisola (f) interior	undertröja (en)	['undə‚trøja]
peúgas (f pl)	sockor (pl)	['sɔkʊr]
camisa (f) de noite	nattlinne (ett)	['nat‚linə]
sutiã (m)	behå (en)	[be'hoː]
meias longas (f pl)	knästrumpor (pl)	['knɛː‚strumpʊr]
meia-calça (f)	strumpbyxor (pl)	['strump‚byksʊr]
meias (f pl)	strumpor (pl)	['strumpʊr]
fato (m) de banho	baddräkt (en)	['bad‚drɛkt]

29. Adereços de cabeça

chapéu (m)	hatt (en)	['hat]
chapéu (m) de feltro	hatt (en)	['hat]
boné (m) de beisebol	baseballkeps (en)	['bejsbɔlʲ keps]
boné (m)	keps (en)	['keps]
boina (f)	basker (en)	['baskər]
capuz (m)	luva, kapuschong (en)	['lʉːva], [kapʉ'ʃɔːŋ]
panamá (m)	panamahatt (en)	['panama‚hat]
gorro (m) de malha	luva (en)	['lʉːva]
lenço (m)	sjalett (en)	[ɧa'lʲet]
chapéu (m) de mulher	hatt (en)	['hat]
capacete (m) de proteção	hjälm (en)	['jɛlʲm]
bibico (m)	båtmössa (en)	['bɔt‚mœsa]
capacete (m)	hjälm (en)	['jɛlʲm]
chapéu-coco (m)	plommonstop (ett)	['plʲumɔn‚stʊp]
chapéu (m) alto	hög hatt, cylinder (en)	['høːg ‚hat], [sy'lindər]

30. Calçado

calçado (m)	skodon (pl)	['skʊdʊn]
botinas (f pl)	skor (pl)	['skʊr]
sapatos (de salto alto, etc.)	damskor (pl)	['dam‚skʊr]
botas (f pl)	stövlar (pl)	['støvlʲar]
pantufas (f pl)	tofflor (pl)	['tɔflʲʊr]
ténis (m pl)	tennisskor (pl)	['tɛnis‚skʊr]
sapatilhas (f pl)	canvas skor (pl)	['kanvas ‚skʊr]
sandálias (f pl)	sandaler (pl)	[san'dalʲer]
sapateiro (m)	skomakare (en)	['skʊ‚makarə]
salto (m)	klack (en)	['klʲak]

par (m)	par (ett)	['par]
atacador (m)	skosnöre (ett)	['skʊˌsnøːrə]
apertar os atacadores	att snöra	[at 'snøːra]
calçadeira (f)	skohorn (ett)	['skʊˌhʊːɳ]
graxa (f) para calçado	skokräm (en)	['skʊˌkrɛm]

31. Acessórios pessoais

luvas (f pl)	handskar (pl)	['hanskar]
mitenes (f pl)	vantar (pl)	['vantar]
cachecol (m)	halsduk (en)	['halʲsˌdɵːk]

óculos (m pl)	glasögon (pl)	['glʲasˌøːɡɔn]
armação (f) de óculos	båge (en)	['boːɡə]
guarda-chuva (m)	paraply (ett)	[paraˈplʲy]
bengala (f)	käpp (en)	['ɕɛp]
escova (f) para o cabelo	hårborste (en)	['hoːrˌbɔːʂtə]
leque (m)	solfjäder (en)	['sʊlʲˌfjɛːdər]

gravata (f)	slips (en)	['slips]
gravata-borboleta (f)	fluga (en)	['flɵːɡa]
suspensórios (m pl)	hängslen (pl)	['hɛŋslʲən]
lenço (m)	näsduk (en)	['nɛsˌdɵk]

pente (m)	kam (en)	['kam]
travessão (m)	hårklämma (ett)	['hoːrˌklʲɛma]
gancho (m) de cabelo	hårnål (en)	['hoːˌŋoːlʲ]
fivela (f)	spänne (ett)	['spɛnə]

| cinto (m) | bälte (ett) | ['bɛlʲtə] |
| correia (f) | rem (en) | ['rem] |

mala (f)	väska (en)	['vɛska]
mala (f) de senhora	damväska (en)	['damˌvɛska]
mochila (f)	ryggsäck (en)	['rʏɡˌsɛk]

32. Vestuário. Diversos

moda (f)	mode (ett)	['mʊdə]
na moda	modern	[mʊˈdɛːɳ]
estilista (m)	modedesigner (en)	['mʊdə deˈsajnər]

colarinho (m), gola (f)	krage (en)	['kraɡə]
bolso (m)	ficka (en)	['fika]
de bolso	fick-	['fik-]
manga (f)	ärm (en)	['æːrm]
alcinha (f)	hängband (ett)	['hɛŋ band]
braguilha (f)	gylf (en)	['ɡylʲf]

fecho (m) de correr	blixtlås (ett)	['blikstˌlʲoːs]
fecho (m), colchete (m)	knäppning (en)	['knɛpniŋ]
botão (m)	knapp (en)	['knap]

casa (f) de botão	knapphål (ett)	['knapˌhoːlʲ]
soltar-se (vr)	att lossna	[at 'lʲɔsna]

coser, costurar (vi)	att sy	[at sy]
bordar (vt)	att brodera	[at brʊ'dera]
bordado (m)	broderi (ett)	[brʊde'riː]
agulha (f)	synål (en)	['syˌnoːlʲ]
fio (m)	tråd (en)	['troːd]
costura (f)	söm (en)	['søːm]

sujar-se (vr)	att smutsa ned sig	[at 'smutsa ned sɛj]
mancha (f)	fläck (en)	['flʲɛk]
engelhar-se (vr)	att bli skrynklig	[at bli 'skrʏŋklig]
rasgar (vt)	att riva	[at 'riva]
traça (f)	mal (en)	['malʲ]

33. Cuidados pessoais. Cosméticos

pasta (f) de dentes	tandkräm (en)	['tandˌkrɛm]
escova (f) de dentes	tandborste (en)	['tandˌbɔːʂtə]
escovar os dentes	att borsta tänderna	[at 'bɔːʂta 'tɛndɛːɳa]

máquina (f) de barbear	hyvel (en)	['hyvəlʲ]
creme (m) de barbear	rakkräm (en)	['rakˌkrɛm]
barbear-se (vr)	att raka sig	[at 'raka sɛj]

sabonete (m)	tvål (en)	['tvoːlʲ]
champô (m)	schampo (ett)	['ɧamˌpʊ]

tesoura (f)	sax (en)	['saks]
lima (f) de unhas	nagelfil (en)	['nagəlʲˌfilʲ]
corta-unhas (m)	nageltång (en)	['nagəlʲˌtɔŋ]
pinça (f)	pincett (en)	[pin'sɛt]

cosméticos (m pl)	kosmetika (en)	[kɔs'mɛtika]
máscara (f) facial	ansiktsmask (en)	[an'siktsˌmask]
manicura (f)	manikyr (en)	[mani'kyr]
fazer a manicura	att få manikyr	[at foː mani'kyr]
pedicure (f)	pedikyr (en)	[pedi'kyr]

mala (f) de maquilhagem	kosmetikväska (en)	[kɔsmɛ'tikˌvɛska]
pó (m)	puder (ett)	['pʉːdər]
caixa (f) de pó	puderdosa (en)	['pʉːdɛˌdoːsa]
blush (m)	rouge (ett)	['ruːʃ]

perfume (m)	parfym (en)	[par'fym]
água (f) de toilette	eau de toilette (en)	['ɔːdetuaˌlʲet]
loção (f)	rakvatten (ett)	['rakˌvatən]
água-de-colónia (f)	eau de cologne (en)	['ɔːdekɔˌlʲɔɲ]

sombra (f) de olhos	ögonskugga (en)	['øːgɔnˌskuga]
lápis (m) delineador	ögonpenna (en)	['øːgɔnˌpɛna]
máscara (f), rímel (m)	mascara (en)	[ma'skara]
batom (m)	läppstift (ett)	['lʲɛpˌstift]

verniz (m) de unhas	nagellack (ett)	['nagəlʲˌlʲak]
laca (f) para cabelos	hårspray (en)	['hoːrˌsprɛj]
desodorizante (m)	deodorant (en)	[deʊdʊ'rant]
creme (m)	kräm (en)	['krɛm]
creme (m) de rosto	ansiktskräm (en)	[an'siktsˌkrɛm]
creme (m) de mãos	handkräm (en)	['handˌkrɛm]
creme (m) antirrugas	anti-rynkor kräm (en)	['antiˌrʏŋkʊr 'krɛm]
creme (m) de dia	dagkräm (en)	['dagˌkrɛm]
creme (m) de noite	nattkräm (en)	['natˌkrɛm]
de dia	dag-	['dag-]
da noite	natt-	['nat-]
tampão (m)	tampong (en)	[tam'pɔŋ]
papel (m) higiénico	toalettpapper (ett)	[tʊa'lʲetˌpapər]
secador (m) elétrico	hårtork (en)	['hoːˌtʊrk]

34. Relógios de pulso. Relógios

relógio (m) de pulso	armbandsur (ett)	['armbandsˌʉːr]
mostrador (m)	urtavla (en)	['ʉːˌtavlʲa]
ponteiro (m)	visare (en)	['visarə]
bracelete (f) em aço	armband (ett)	['armˌband]
bracelete (f) em couro	armband (ett)	['armˌband]
pilha (f)	batteri (ett)	[batɛ'riː]
descarregar-se	att bli urladdad	[at bli 'ʉːˌlʲadad]
trocar a pilha	att byta batteri	[at 'byta batɛ'riː]
estar adiantado	att gå för fort	[at 'goː før 'foːt]
estar atrasado	att gå för långsamt	[at 'goː før 'lʲɔŋˌsamt]
relógio (m) de parede	väggklocka (en)	['vɛgˌklʲɔka]
ampulheta (f)	sandklocka (en)	['sandˌklʲɔka]
relógio (m) de sol	solklocka (en)	['sʊlʲˌklʲɔka]
despertador (m)	väckarklocka (en)	['vɛkarˌklʲɔka]
relojoeiro (m)	urmakare (en)	['ʉrˌmakarə]
reparar (vt)	att reparera	[at repa'rera]

Alimentação. Nutrição

35. Comida

carne (f)	kött (ett)	['ɕœt]
galinha (f)	höna (en)	['hø:na]
frango (m)	kyckling (en)	['ɕykliŋ]
pato (m)	anka (en)	['aŋka]
ganso (m)	gås (en)	['go:s]
caça (f)	vilt (ett)	['vilʲt]
peru (m)	kalkon (en)	[kalʲ'kʊn]
carne (f) de porco	fläsk (ett)	['flʲɛsk]
carne (f) de vitela	kalvkött (en)	['kalʲv‚ɕœt]
carne (f) de carneiro	lammkött (ett)	['lʲam‚ɕœt]
carne (f) de vaca	oxkött, nötkött (ett)	['ʊks‚ɕœt], ['nø:t‚ɕœt]
carne (f) de coelho	kanin (en)	[ka'nin]
chouriço, salsichão (m)	korv (en)	['kɔrv]
salsicha (f)	wienerkorv (en)	['viŋɛr‚kɔrv]
bacon (m)	bacon (ett)	['bɛjkɔn]
fiambre (f)	skinka (en)	['ɧiŋka]
presunto (m)	skinka (en)	['ɧiŋka]
patê (m)	paté (en)	[pa'te]
fígado (m)	lever (en)	['lʲevər]
carne (f) moída	köttfärs (en)	['ɕœt‚fæ:ʂ]
língua (f)	tunga (en)	['tuŋa]
ovo (m)	ägg (ett)	['ɛg]
ovos (m pl)	ägg (pl)	['ɛg]
clara (f) do ovo	äggvita (en)	['ɛg‚vi:ta]
gema (f) do ovo	äggula (en)	['ɛg‚ʉ:lʲa]
peixe (m)	fisk (en)	['fisk]
mariscos (m pl)	fisk och skaldjur	['fisk ɔ 'skalʲ‚jʉ:r]
crustáceos (m pl)	kräftdjur (pl)	['krɛft‚ju:r]
caviar (m)	kaviar (en)	['kav‚jar]
caranguejo (m)	krabba (en)	['kraba]
camarão (m)	räka (en)	['rɛ:ka]
ostra (f)	ostron (ett)	['ʊstrʊn]
lagosta (f)	languster (en)	[lʲaŋ'gustər]
polvo (m)	bläckfisk (en)	['blʲɛk‚fisk]
lula (f)	bläckfisk (en)	['blʲɛk‚fisk]
esturjão (m)	stör (en)	['stø:r]
salmão (m)	lax (en)	['lʲaks]
halibute (m)	hälleflundra (en)	['hɛlʲe‚flʲʊndra]
bacalhau (m)	torsk (en)	['tɔ:ʂk]

cavala, sarda (f)	makrill (en)	['makrilʲ]
atum (m)	tonfisk (en)	['tʊnˌfisk]
enguia (f)	ål (en)	['oːlʲ]
truta (f)	öring (en)	['øːriŋ]
sardinha (f)	sardin (en)	[saːˈdi̞ːn]
lúcio (m)	gädda (en)	['jɛda]
arenque (m)	sill (en)	['silʲ]
pão (m)	bröd (ett)	['brøːd]
queijo (m)	ost (en)	['ʊst]
açúcar (m)	socker (ett)	['sɔkər]
sal (m)	salt (ett)	['salʲt]
arroz (m)	ris (ett)	['ris]
massas (f pl)	pasta (en), makaroner (pl)	['pasta], [makaˈrʊnər]
talharim (m)	nudlar (pl)	['nʉːdlʲar]
manteiga (f)	smör (ett)	['smœːr]
óleo (m) vegetal	vegetabilisk olja (en)	[vegetaˈbilisk ˈɔlja]
óleo (m) de girassol	solrosolja (en)	['sʊlʲrʊsˌɔlja]
margarina (f)	margarin (ett)	[margaˈrin]
azeitonas (f pl)	oliver (pl)	[ʊːˈlivər]
azeite (m)	olivolja (en)	[ʊˈlivˌɔlja]
leite (m)	mjölk (en)	['mjœlʲk]
leite (m) condensado	kondenserad mjölk (en)	[kɔndɛnˈserad ˌmjœlʲk]
iogurte (m)	yoghurt (en)	['joːgʉːt]
nata (f) azeda	gräddfil, syrad grädden (en)	['grɛdfilʲ], [syrad 'gredən]
nata (f) do leite	grädde (en)	['grɛdə]
maionese (f)	majonnäs (en)	[majɔˈnɛs]
creme (m)	kräm (en)	['krɛm]
grãos (m pl) de cereais	gryn (en)	['gryn]
farinha (f)	mjöl (ett)	['mjøːlʲ]
enlatados (m pl)	konserv (en)	[kɔnˈsɛrv]
flocos (m pl) de milho	cornflakes (pl)	['koːnˌflɛjks]
mel (m)	honung (en)	['hɔnuŋ]
doce (m)	sylt, marmelad (en)	['sylʲt], [marmeˈlʲad]
pastilha (f) elástica	tuggummi (ett)	['tugˌgumi]

36. Bebidas

água (f)	vatten (ett)	['vatən]
água (f) potável	dricksvatten (ett)	['driksˌvatən]
água (f) mineral	mineralvatten (ett)	[mineˈralʲˌvatən]
sem gás	icke kolsyrat	['ikə 'kɔlʲˌsyrat]
gaseificada	kolsyrat	['kɔlʲˌsyrat]
com gás	kolsyrat	['kɔlʲˌsyrat]

gelo (m)	is (en)	['is]
com gelo	med is	[me 'is]
sem álcool	alkoholfri	[alʲkʊ'hɔlʲˌfriː]
bebida (f) sem álcool	alkoholfri dryck (en)	[alʲkʊ'hɔlʲfri 'drʏk]
refresco (m)	läskedryck (en)	['lɛskəˌdrik]
limonada (f)	lemonad (en)	[lʲemɔ'nad]
bebidas (f pl) alcoólicas	alkoholhaltiga drycker (pl)	[alʲkʊ'hɔlʲˌhalʲtiga 'drʏkər]
vinho (m)	vin (ett)	['vin]
vinho (m) branco	vitvin (ett)	['vitˌvin]
vinho (m) tinto	rödvin (ett)	['røːdˌvin]
licor (m)	likör (en)	[li'køːr]
champanhe (m)	champagne (en)	[ɧam'panʲ]
vermute (m)	vermouth (en)	['vɛrmut]
uísque (m)	whisky (en)	['viski]
vodka (f)	vodka (en)	['vodka]
gim (m)	gin (ett)	['dʒin]
conhaque (m)	konjak (en)	['konʲak]
rum (m)	rom (en)	['rɔm]
café (m)	kaffe (ett)	['kafə]
café (m) puro	svart kaffe (ett)	['svaːt̪ 'kafə]
café (m) com leite	kaffe med mjölk (ett)	['kafə me mjœlʲk]
cappuccino (m)	cappuccino (en)	['kaputʃinʊ]
café (m) solúvel	snabbkaffe (ett)	['snabˌkafə]
leite (m)	mjölk (en)	['mjœlʲk]
coquetel (m)	cocktail (en)	['kɔktɛjlʲ]
batido (m) de leite	milkshake (en)	['milʲkˌʃɛjk]
sumo (m)	juice (en)	['juːs]
sumo (m) de tomate	tomatjuice (en)	[tʊ'matˌjuːs]
sumo (m) de laranja	apelsinjuice (en)	[apɛlʲ'sinˌjuːs]
sumo (m) fresco	nypressad juice (en)	['nʏˌprɛsad 'juːs]
cerveja (f)	öl (ett)	['øːlʲ]
cerveja (f) clara	ljust öl (ett)	['jɵːstˌøːlʲ]
cerveja (f) preta	mörkt öl (ett)	['mœːrktˌøːlʲ]
chá (m)	te (ett)	['teː]
chá (m) preto	svart te (ett)	['svaːt̪ˌteː]
chá (m) verde	grönt te (ett)	['grœnt teː]

37. Vegetais

legumes (m pl)	grönsaker (pl)	['grøːnˌsakər]
verduras (f pl)	grönsaker (pl)	['grøːnˌsakər]
tomate (m)	tomat (en)	[tʊ'mat]
pepino (m)	gurka (en)	['gurka]
cenoura (f)	morot (en)	['mʊˌrʊt]

batata (f)	potatis (en)	[pʊ'tatis]
cebola (f)	lök (en)	['lʲøːk]
alho (m)	vitlök (en)	['vitˌlʲøːk]

couve (f)	kål (en)	['koːlʲ]
couve-flor (f)	blomkål (en)	['blʲʊmˌkoːlʲ]
couve-de-bruxelas (f)	brysselkål (en)	['brʏsɛlʲˌkoːlʲ]
brócolos (m pl)	broccoli (en)	['brɔkɔli]

beterraba (f)	rödbeta (en)	['røːdˌbeta]
beringela (f)	aubergine (en)	[ɔbɛr'ʒin]
curgete (f)	squash, zucchini (en)	['skvɔːɕ], [su'kini]
abóbora (f)	pumpa (en)	['pumpa]
nabo (m)	rova (en)	['rʊva]

salsa (f)	persilja (en)	[pɛ'ʂilja]
funcho, endro (m)	dill (en)	['dilʲ]
alface (f)	sallad (en)	['salʲad]
aipo (m)	selleri (en)	['sɛlʲeri]
espargo (m)	sparris (en)	['sparis]
espinafre (m)	spenat (en)	[spe'nat]

ervilha (f)	ärter (pl)	['æːtər]
fava (f)	bönor (pl)	['bønʊr]
milho (m)	majs (en)	['majs]
feijão (m)	böna (en)	['bøna]

pimentão (m)	peppar (en)	['pɛpar]
rabanete (m)	rädisa (en)	['rɛːdisa]
alcachofra (f)	kronärtskocka (en)	['krʊnæːtˌskɔka]

38. Frutos. Nozes

fruta (f)	frukt (en)	['frukt]
maçã (f)	äpple (ett)	['ɛplʲe]
pera (f)	päron (ett)	['pæːrɔn]
limão (m)	citron (en)	[si'trʊn]
laranja (f)	apelsin (en)	[apɛlʲ'sin]
morango (m)	jordgubbe (en)	['juːdˌgubə]

tangerina (f)	mandarin (en)	[manda'rin]
ameixa (f)	plommon (ett)	['plʲʊmɔn]
pêssego (m)	persika (en)	['pɛʂika]
damasco (m)	aprikos (en)	[apri'kʊs]
framboesa (f)	hallon (ett)	['halʲɔn]
ananás (m)	ananas (en)	['ananas]

banana (f)	banan (en)	['banan]
melancia (f)	vattenmelon (en)	['vatənˌme'lʲʊn]
uva (f)	druva (en)	['druːva]
ginja (f)	körsbär (ett)	['ɕøːʂˌbæːr]
cereja (f)	fågelbär (ett)	['foːgəlʲˌbæːr]
meloa (f)	melon (en)	[me'lʲʊn]
toranja (f)	grapefrukt (en)	['grɛjpˌfrukt]

abacate (m)	avokado (en)	[avɔ'kadʊ]
papaia (f)	papaya (en)	[pa'paja]
manga (f)	mango (en)	['maŋgʊ]
romã (f)	granatäpple (en)	[gra'nat̪ɛplʲe]
groselha (f) vermelha	röda vinbär (ett)	['rø:da 'vinbæ:r]
groselha (f) preta	svarta vinbär (ett)	['svaːṭa 'vinbæ:r]
groselha (f) espinhosa	krusbär (ett)	['krʉːsˌbæː r]
mirtilo (m)	blåbär (ett)	['blʲoːˌbæː r]
amora silvestre (f)	björnbär (ett)	['bjøːɳˌbæː r]
uvas (f pl) passas	russin (ett)	['rusin]
figo (m)	fikon (ett)	['fikɔn]
tâmara (f)	dadel (en)	['dadəlʲ]
amendoim (m)	jordnöt (en)	['juːɖˌnøːt]
amêndoa (f)	mandel (en)	['mandəlʲ]
noz (f)	valnöt (en)	['valʲˌnøːt]
avelã (f)	hasselnöt (en)	['hasəlʲˌnøːt]
coco (m)	kokosnöt (en)	['kʊkʊsˌnøːt]
pistáchios (m pl)	pistaschnötter (pl)	['pistaʃˌnœtər]

39. Pão. Bolaria

pastelaria (f)	konditorivaror (pl)	[kɔndituˈriːˌvarʊr]
pão (m)	bröd (ett)	['brøːd]
bolacha (f)	småkakor (pl)	['smoːkakʊr]
chocolate (m)	choklad (en)	[ʃɔk'lʲad]
de chocolate	choklad-	[ʃɔk'lʲad-]
rebuçado (m)	konfekt, karamell (en)	[kɔn'fɛkt], [kara'mɛlʲ]
bolo (cupcake, etc.)	kaka, bakelse (en)	['kaka], ['bakəlʲsə]
bolo (m) de aniversário	tårta (en)	['toːṭa]
tarte (~ de maçã)	paj (en)	['paj]
recheio (m)	fyllning (en)	['fylʲniŋ]
doce (m)	sylt (en)	['sylʲt]
geleia (f) de frutas	marmelad (en)	[marme'lʲad]
waffle (m)	våffle (en)	['vɔflʲe]
gelado (m)	glass (en)	['glʲas]
pudim (m)	pudding (en)	['pudiŋ]

40. Pratos cozinhados

prato (m)	rätt (en)	['ræt]
cozinha (~ portuguesa)	kök (ett)	['ɕøːk]
receita (f)	recept (ett)	[re'sɛpt]
porção (f)	portion (en)	[pɔːtˈʂʊn]
salada (f)	sallad (en)	['salʲad]
sopa (f)	soppa (en)	['sɔpa]

caldo (m)	buljong (en)	[bu'ljɔŋ]
sandes (f)	smörgås (en)	['smœrˌgoːs]
ovos (m pl) estrelados	stekt ägg (en)	['stɛkt ˌɛg]

| hambúrguer (m) | hamburgare (en) | ['hamburgarə] |
| bife (m) | biffstek (en) | ['bifˌstɛk] |

conduto (m)	tillbehör (ett)	['tilʲbeˌhør]
espaguete (m)	spagetti	[spa'gɛti]
puré (m) de batata	potatismos (ett)	[pu'tatisˌmus]
pizza (f)	pizza (en)	['pitsa]
papa (f)	gröt (en)	['grøːt]
omelete (f)	omelett (en)	[ɔməˈlʲet]

cozido em água	kokt	['kukt]
fumado	rökt	['rœkt]
frito	stekt	['stɛkt]
seco	torkad	['tɔrkad]
congelado	fryst	['frʏst]
em conserva	sylt-	['sylʲt-]

doce (açucarado)	söt	['søːt]
salgado	salt	['salʲt]
frio	kall	['kalʲ]
quente	het, varm	['het], ['varm]
amargo	bitter	['bitər]
gostoso	läcker	['lʲɛkər]

cozinhar (em água a ferver)	att koka	[at 'kuka]
fazer, preparar (vt)	att laga	[at 'lʲaga]
fritar (vt)	att steka	[at 'steka]
aquecer (vt)	att värma upp	[at 'væːrma up]

salgar (vt)	att salta	[at 'salʲta]
apimentar (vt)	att peppra	[at 'pepra]
ralar (vt)	att riva	[at 'riva]
casca (f)	skal (ett)	['skalʲ]
descascar (vt)	att skala	[at 'skalʲa]

41. Especiarias

sal (m)	salt (ett)	['salʲt]
salgado	salt	['salʲt]
salgar (vt)	att salta	[at 'salʲta]

pimenta (f) preta	svartpeppar (en)	['svaːtˌpɛpar]
pimenta (f) vermelha	rödpeppar (en)	['røːdˌpɛpar]
mostarda (f)	senap (en)	['seːnap]
raiz-forte (f)	pepparrot (en)	['pɛpaˌrut]

condimento (m)	krydda (en)	['krʏda]
especiaria (f)	krydda (en)	['krʏda]
molho (m)	sås (en)	['soːs]
vinagre (m)	ättika (en)	['ætika]

anis (m)	anis (en)	['anis]
manjericão (m)	basilika (en)	[ba'silika]
cravo (m)	nejlika (en)	['nɛjlika]
gengibre (m)	ingefära (en)	['iŋəˌfæːra]
coentro (m)	koriander (en)	[kɔri'andər]
canela (f)	kanel (en)	[ka'nelʲ]
sésamo (m)	sesam (en)	['sesam]
folhas (f pl) de louro	lagerblad (ett)	['lʲagərˌblʲad]
páprica (f)	paprika (en)	['paprika]
cominho (m)	kummin (en)	['kumin]
açafrão (m)	saffran (en)	['safran]

42. Refeições

comida (f)	mat (en)	['mat]
comer (vt)	att äta	[at 'ɛːta]
pequeno-almoço (m)	frukost (en)	['frʉːkɔst]
tomar o pequeno-almoço	att äta frukost	[at 'ɛːta 'frʉːkɔst]
almoço (m)	lunch (en)	['lʉnɕ]
almoçar (vi)	att äta lunch	[at 'ɛːta ˌlʉnɕ]
jantar (m)	kvällsmat (en)	['kvɛlʲsˌmat]
jantar (vi)	att äta kvällsmat	[at 'ɛːta 'kvɛlʲsˌmat]
apetite (m)	aptit (en)	['aptit]
Bom apetite!	Smaklig måltid!	['smaklig 'moːlʲtid]
abrir (~ uma lata, etc.)	att öppna	[at 'øpna]
derramar (vt)	att spilla	[at 'spilʲa]
derramar-se (vr)	att spillas ut	[at 'spilʲas ʉt]
ferver (vi)	att koka	[at 'kʊka]
ferver (vt)	att koka	[at 'kʊka]
fervido	kokt	['kʊkt]
arrefecer (vt)	att avkyla	[at 'avˌɕylʲa]
arrefecer-se (vr)	att avkylas	[at 'avˌɕylʲas]
sabor, gosto (m)	smak (en)	['smak]
gostinho (m)	bismak (en)	['bismak]
fazer dieta	att vara på diet	[at 'vara pɔ di'et]
dieta (f)	diet (en)	[di'et]
vitamina (f)	vitamin (ett)	[vita'min]
caloria (f)	kalori (en)	[kalʲɔ'riː]
vegetariano (m)	vegetarian (en)	[vegetiri'an]
vegetariano	vegetarisk	[vege'tarisk]
gorduras (f pl)	fett (ett)	['fɛt]
proteínas (f pl)	proteiner (pl)	[prɔte'iːnər]
carboidratos (m pl)	kolhydrater (pl)	['kɔlʲhyˌdratər]
fatia (~ de limão, etc.)	skiva (en)	['ɧiva]
pedaço (~ de bolo)	bit (en)	['bit]
migalha (f)	smula (en)	['smʉlʲa]

43. Por a mesa

colher (f)	sked (en)	['ɧed]
faca (f)	kniv (en)	['kniv]
garfo (m)	gaffel (en)	['gafəlʲ]
chávena (f)	kopp (en)	['kop]
prato (m)	tallrik (en)	['talʲrik]
pires (m)	tefat (ett)	['te͜fat]
guardanapo (m)	servett (en)	[sɛr'vɛt]
palito (m)	tandpetare (en)	['tand͜petarə]

44. Restaurante

restaurante (m)	restaurang (en)	[rɛsto'raŋ]
café (m)	kafé (ett)	[ka'fe:]
bar (m), cervejaria (f)	bar (en)	['bar]
salão (m) de chá	tehus (ett)	['te:͜hʉs]
empregado (m) de mesa	servitör (en)	[sɛrvi'tø:r]
empregada (f) de mesa	servitris (en)	[sɛrvi'tris]
barman (m)	bartender (en)	['ba:͜tɛndər]
ementa (f)	meny (en)	[me'ny]
lista (f) de vinhos	vinlista (en)	['vin͜lista]
reservar uma mesa	att reservera bord	[at rɛsɛr'vera bu:d]
prato (m)	rätt (en)	['ræt]
pedir (vt)	att beställa	[at be'stɛlʲa]
fazer o pedido	att beställa	[at be'stɛlʲa]
aperitivo (m)	aperitif (en)	[aperi'tif]
entrada (f)	förrätt (en)	['fœ:ræt]
sobremesa (f)	dessert (en)	[dɛ'sɛ:r]
conta (f)	nota (en)	['nʉta]
pagar a conta	att betala notan	[at be'talʲa 'nʉtan]
dar o troco	att ge tillbaka växel	[at je: tilʲ'baka 'vɛksəlʲ]
gorjeta (f)	dricks (en)	['driks]

Família, parentes e amigos

45. Informação pessoal. Formulários

nome (m)	namn (ett)	['namn]
apelido (m)	efternamn (ett)	['ɛftəˌnamn]
data (f) de nascimento	födelsedatum (ett)	['føːdəlʲsəˌdatum]
local (m) de nascimento	födelseort (en)	['føːdəlʲsəˌɔːt]
nacionalidade (f)	nationalitet (en)	[natɧunaliˈtet]
lugar (m) de residência	bostadsort (en)	['bostadsˌɔːt]
país (m)	land (ett)	['lʲand]
profissão (f)	yrke (ett), profession (en)	['yrkə], [prɔfeˈɧun]
sexo (m)	kön (ett)	['ɕøːn]
estatura (f)	höjd (en)	['hœjd]
peso (m)	vikt (en)	['vikt]

46. Membros da família. Parentes

mãe (f)	mor (en)	['mʊr]
pai (m)	far (en)	['far]
filho (m)	son (en)	['sɔn]
filha (f)	dotter (en)	['dɔtər]
filha (f) mais nova	yngsta dotter (en)	['yŋsta 'dɔtər]
filho (m) mais novo	yngste son (en)	['yŋstə sɔn]
filha (f) mais velha	äldsta dotter (en)	['ɛlʲsta 'dɔtər]
filho (m) mais velho	äldste son (en)	['ɛlʲstə 'sɔn]
irmão (m)	bror (en)	['brʊr]
irmão (m) mais velho	storebror (en)	['stʊrəˌbrʊr]
irmão (m) mais novo	lillebror (en)	['lilʲeˌbrʊr]
irmã (f)	syster (en)	['syster]
irmã (f) mais velha	storasyster (en)	['stʊraˌsystər]
irmã (f) mais nova	lillasyster (en)	['lilʲaˌsystər]
primo (m)	kusin (en)	[kʉˈsiːn]
prima (f)	kusin (en)	[kʉˈsiːn]
mamã (f)	mamma (en)	['mama]
papá (m)	pappa (en)	['papa]
pais (pl)	föräldrar (pl)	[førˈɛlʲdrar]
criança (f)	barn (ett)	['baːɳ]
crianças (f pl)	barn (pl)	['baːɳ]
avó (f)	mormor, farmor (en)	['mʊrmʊr], ['farmʊr]
avô (m)	morfar, farfar (en)	['mʊrfar], ['farfar]
neto (m)	barnbarn (ett)	['baːɳˌbaːɳ]

neta (f)	barnbarn (ett)	[ˈbaːn̩ˌbaːn̩]
netos (pl)	barnbarn (pl)	[ˈbaːn̩ˌbaːn̩]
tio (m)	farbror, morbror (en)	[ˈfarˌbruːr], [ˈmurˌbruːr]
tia (f)	faster, moster (en)	[ˈfastər], [ˈmustər]
sobrinho (m)	brorson, systerson (en)	[ˈbrurˌsɔn], [ˈsystəˌsɔn]
sobrinha (f)	brorsdotter, systerdotter (en)	[ˈbruːʂˌdɔtər], [ˈsystəˌdɔtər]
sogra (f)	svärmor (en)	[ˈsvæːrˌmur]
sogro (m)	svärfar (en)	[ˈsvæːrˌfar]
genro (m)	svärson (en)	[ˈsvæːˌʂɔn]
madrasta (f)	styvmor (en)	[ˈstyvˌmur]
padrasto (m)	styvfar (en)	[ˈstyvˌfar]
criança (f) de colo	spädbarn (ett)	[ˈspɛːdˌbaːn̩]
bebé (m)	spädbarn (ett)	[ˈspɛːdˌbaːn̩]
menino (m)	baby, bäbis (en)	[ˈbɛːbi], [ˈbɛːbis]
mulher (f)	hustru (en)	[ˈhustru]
marido (m)	man (en)	[ˈman]
esposo (m)	make, äkta make (en)	[ˈmakə], [ˈɛkta ˌmakə]
esposa (f)	hustru (en)	[ˈhustru]
casado	gift	[ˈjift]
casada	gift	[ˈjift]
solteiro	ogift	[uːˈjift]
solteirão (m)	ungkarl (en)	[ˈuŋˌkar]
divorciado	frånskild	[ˈfroːnˌɧilˡd]
viúva (f)	änka (en)	[ˈɛŋka]
viúvo (m)	änkling (en)	[ˈɛŋkliŋ]
parente (m)	släkting (en)	[ˈslˡɛktiŋ]
parente (m) próximo	nära släkting (en)	[ˈnæːra ˈslˡɛktiŋ]
parente (m) distante	fjärran släkting (en)	[ˈfjæːran ˈslˡɛktiŋ]
parentes (m pl)	släktingar (pl)	[ˈslˡɛktiŋar]
órfão (m), órfã (f)	föräldralöst barn (ett)	[førˈɛlˡdralˡœst ˈbaːn̩]
tutor (m)	förmyndare (en)	[ˈførˌmyndarə]
adotar (um filho)	att adoptera	[at adɔpˈtera]
adotar (uma filha)	att adoptera	[at adɔpˈtera]

Medicina

47. Doenças

doença (f)	sjukdom (en)	['ɧʉːkˌdʊm]
estar doente	att vara sjuk	[at 'vara 'ɧʉːk]
saúde (f)	hälsa, sundhet (en)	['hɛlʲsa], ['sundˌhet]
nariz (m) a escorrer	snuva (en)	['snʉːva]
amigdalite (f)	halsfluss, angina (en)	['halʲsˌflʉs], [aŋ'gina]
constipação (f)	förkylning (en)	[før'ɕylʲniŋ]
constipar-se (vr)	att bli förkyld	[at bli før'ɕylʲd]
bronquite (f)	bronkit (en)	[brɔŋ'kit]
pneumonia (f)	lunginflammation (en)	['lʉŋˌinflʲama'ɧʊn]
gripe (f)	influensa (en)	[influ'ɛnsa]
míope	närsynt	['næːˌsʏnt]
presbita	långsynt	['lʲɔŋˌsʏnt]
estrabismo (m)	skelögdhet (en)	['ɧelʲøgdˌhet]
estrábico	skelögd	['ɧelʲˌøgd]
catarata (f)	grå starr (en)	['groː 'star]
glaucoma (m)	grön starr (en)	['grøːn 'star]
AVC (m), apoplexia (f)	stroke (en), hjärnslag (ett)	['stroːk], ['jæːnˌslʲag]
ataque (m) cardíaco	infarkt (en)	[in'farkt]
enfarte (m) do miocárdio	hjärtinfarkt (en)	['jæːʈ in'farkt]
paralisia (f)	förlamning (en)	[fœːˈlʲamniŋ]
paralisar (vt)	att förlama	[at fœːˈlʲama]
alergia (f)	allergi (en)	[alʲer'gi]
asma (f)	astma (en)	['astma]
diabetes (f)	diabetes (en)	[dia'betəs]
dor (f) de dentes	tandvärk (en)	['tandˌvæːrk]
cárie (f)	karies (en)	['karies]
diarreia (f)	diarré (en)	[dia'reː]
prisão (f) de ventre	förstoppning (en)	[fœːˈʂtɔpniŋ]
desarranjo (m) intestinal	magbesvär (ett)	['magˌbe'svɛːr]
intoxicação (f) alimentar	matförgiftning (en)	['matˌførˈjiftniŋ]
intoxicar-se	att få matförgiftning	[at foː 'matˌførˈjiftniŋ]
artrite (f)	artrit (en)	[a'tʂit]
raquitismo (m)	rakitis (en)	[ra'kitis]
reumatismo (m)	reumatism (en)	[revma'tism]
arteriosclerose (f)	åderförkalkning (en)	['oːdɛrførˌkalʲkniŋ]
gastrite (f)	gastrit (en)	[ga'strit]
apendicite (f)	appendicit (en)	[apɛndi'sit]

colecistite (f)	cholecystit (en)	[holəsys'tit]
úlcera (f)	magsår (ett)	['mag͜so:r]
sarampo (m)	mässling (en)	['mɛs͜liŋ]
rubéola (f)	röda hund (en)	['rø:da 'hund]
iterícia (f)	gulsot (en)	['gʉ:lʲ͜sʊt]
hepatite (f)	hepatit (en)	[hepa'tit]
esquizofrenia (f)	schizofreni (en)	[skitsɔfre'ni:]
raiva (f)	rabies (en)	['rabies]
neurose (f)	neuros (en)	[nev'rɔs]
comoção (f) cerebral	hjärnskakning (en)	['jæ:n͜skakniŋ]
cancro (m)	cancer (en)	['kansər]
esclerose (f)	skleros (en)	[sklʲe'rɔs]
esclerose (f) múltipla	multipel skleros (en)	[mʉlʲ'tipəlʲ sklʲe'rɔs]
alcoolismo (m)	alkoholism (en)	[alʲkʊhɔ'lizm]
alcoólico (m)	alkoholist (en)	[alʲkʊhɔ'list]
sífilis (f)	syfilis (en)	['syfilis]
SIDA (f)	AIDS	['ɛjds]
tumor (m)	tumör (en)	[tʉ'mø:r]
maligno	elakartad	['ɛlʲak͜a:[tad]
benigno	godartad	['gʊd͜a:[tad]
febre (f)	feber (en)	['febər]
malária (f)	malaria (en)	[ma'lʲaria]
gangrena (f)	kallbrand (en)	['kalʲ͜brand]
enjoo (m)	sjösjuka (en)	['ɧø:͜ɧʉ:ka]
epilepsia (f)	epilepsi (en)	[epilʲep'si:]
epidemia (f)	epidemi (en)	[ɛpide'mi:]
tifo (m)	tyfus (en)	['tyfʉs]
tuberculose (f)	tuberkulos (en)	[tʉbɛrkʉ'lʲɔs]
cólera (f)	kolera (en)	['kʊlʲera]
peste (f)	pest (en)	['pɛst]

48. Sintomas. Tratamentos. Parte 1

sintoma (m)	symptom (ett)	[sʏmp'tɔm]
temperatura (f)	temperatur (en)	[tɛmpəra'tʉ:r]
febre (f)	hög temperatur (en)	['hø:g tɛmpəra'tʉ:r]
pulso (m)	puls (en)	['pulʲs]
vertigem (f)	yrsel, svindel (en)	['y:ʂəlʲ], ['svindəlʲ]
quente (testa, etc.)	varm	['varm]
calafrio (m)	rysning (en)	['rʏsniŋ]
pálido	blek	['blʲek]
tosse (f)	hosta (en)	['hʊsta]
tossir (vi)	att hosta	[at 'hʊsta]
espirrar (vi)	att nysa	[at 'nysa]
desmaio (m)	svimning (en)	['svimniŋ]

Portuguese	Swedish	Pronunciation
desmaiar (vi)	att svimma	[at 'svima]
nódoa (f) negra	blåmärke (ett)	['blʲoːˌmæːrkə]
galo (m)	bula (en)	['bʉːlʲa]
magoar-se (vr)	att slå sig	[at 'slʲoː sɛj]
pisadura (f)	blåmärke (ett)	['blʲoːˌmæːrkə]
aleijar-se (vr)	att slå sig	[at 'slʲoː sɛj]
coxear (vi)	att halta	[at 'halʲta]
deslocação (f)	vrickning (en)	['vrikniŋ]
deslocar (vt)	att förvrida	[at før'vrida]
fratura (f)	brott (ett), fraktur (en)	['brɔt], [frak'tʉːr]
fraturar (vt)	att få en fraktur	[at foː en frak'tʉːr]
corte (m)	skärsår (ett)	['ɧæːˌʂoːr]
cortar-se (vr)	att skära sig	[at 'ɧæːra sɛj]
hemorragia (f)	blödning (en)	['blʲœdniŋ]
queimadura (f)	brännsår (ett)	['brɛnˌsoːr]
queimar-se (vr)	att bränna sig	[at 'brɛna sɛj]
picar (vt)	att sticka	[at 'stika]
picar-se (vr)	att sticka sig	[at 'stika sɛj]
lesionar (vt)	att skada	[at 'skada]
lesão (m)	skada (en)	['skada]
ferida (f), ferimento (m)	sår (ett)	['soːr]
trauma (m)	trauma (en)	['travma]
delirar (vi)	att tala i feberyra	[at 'talʲa i 'febəryra]
gaguejar (vi)	att stamma	[at 'stama]
insolação (f)	solsting (ett)	['sʊlʲˌstiŋ]

49. Sintomas. Tratamentos. Parte 2

Portuguese	Swedish	Pronunciation
dor (f)	värk, smärta (en)	['væːrk], ['smɛta]
farpa (no dedo)	sticka (en)	['stika]
suor (m)	svett (en)	['svɛt]
suar (vi)	att svettas	[at 'svɛtas]
vómito (m)	kräkning (en)	['krɛkniŋ]
convulsões (f pl)	kramper (pl)	['krampər]
grávida	gravid	[gra'vid]
nascer (vi)	att födas	[at 'føːdas]
parto (m)	förlossning (en)	[fœː'lʲosniŋ]
dar à luz	att föda	[at 'føːda]
aborto (m)	abort (en)	[a'bɔːt]
respiração (f)	andning (en)	['andniŋ]
inspiração (f)	inandning (en)	['inˌandniŋ]
expiração (f)	utandning (en)	['ʉtˌandniŋ]
expirar (vi)	att andas ut	[at 'andas ʉt]
inspirar (vi)	att andas in	[at 'andas in]
inválido (m)	handikappad person (en)	['handiˌkapad pɛ'ʂʊn]
aleijado (m)	krympling (en)	['krympliŋ]

toxicodependente (m)	narkoman (en)	[narkʉ'man]
surdo	döv	['dø:v]
mudo	stum	['stu:m]
surdo-mudo	dövstum	['dø:v͵stu:m]

louco (adj.)	mentalsjuk, galen	['mental'fʉ:k], ['galˡen]
louco (m)	dåre, galning (en)	['do:rə], ['galˡniŋ]
louca (f)	dåre, galning (en)	['do:rə], ['galˡniŋ]
ficar louco	att bli sinnessjuk	[at bli 'sinɛs͵fʉ:k]

gene (m)	gen (en)	['jen]
imunidade (f)	immunitet (en)	[imʉni'te:t]
hereditário	ärftlig	['æ:rftlig]
congénito	medfödd	['med͵fœd]

vírus (m)	virus (ett)	['vi:rʉs]
micróbio (m)	mikrob (en)	[mi'krɔb]
bactéria (f)	bakterie (en)	[bak'teriə]
infeção (f)	infektion (en)	[infɛk'fʊn]

50. Sintomas. Tratamentos. Parte 3

hospital (m)	sjukhus (ett)	['fʉ:k͵hʉs]
paciente (m)	patient (en)	[pasi'ent]

diagnóstico (m)	diagnos (en)	[dia'gnɔs]
cura (f)	kur (en)	['kʉ:r]
tratamento (m) médico	behandling (en)	[be'handliŋ]
curar-se (vr)	att bli behandlad	[at bli be'handlˡad]
tratar (vt)	att behandla	[at be'handlˡa]
cuidar (pessoa)	att sköta	[at 'fø:ta]
cuidados (m pl)	vård (en)	['vo:d]

operação (f)	operation (en)	[ɔpera'fʊn]
enfaixar (vt)	att förbinda	[at før'binda]
enfaixamento (m)	förbindning (en)	[før'bindniŋ]

vacinação (f)	vaccination (en)	[vaksina'fʊn]
vacinar (vt)	att vaksinera	[at vaksi'nera]
injeção (f)	injektion (en)	[injɛk'fʊn]
dar uma injeção	att ge en spruta	[at je: en 'sprʉta]

ataque (~ de asma, etc.)	anfall (ett), attack (en)	['anfalˡ], [a'tak]
amputação (f)	amputation (en)	[ampʉta'fʊn]
amputar (vt)	att amputera	[at ampʉ'tera]
coma (f)	koma (ett)	['kɔma]
estar em coma	att ligga i koma	[at 'liga i 'kɔma]
reanimação (f)	intensivavdelning (en)	[intɛn'siv͵av'dɛlˡniŋ]

recuperar-se (vr)	att återhämta sig	[at 'o:ter͵hɛmta sɛj]
estado (~ de saúde)	tillstånd (ett)	['tilˡ͵stɔnd]
consciência (f)	medvetande (ett)	['med͵vetandə]
memória (f)	minne (ett)	['minə]
tirar (vt)	att dra ut	[at 'dra ʉt]

| chumbo (m), obturação (f) | plomb (en) | [ˈplˑɔmb] |
| chumbar, obturar (vt) | att plombera | [at plˑɔmˈbera] |

| hipnose (f) | hypnos (en) | [hʏpˈnɔs] |
| hipnotizar (vt) | att hypnotisera | [at ˈhʏpnɔtiˌsera] |

51. Médicos

médico (m)	läkare (en)	[ˈlˑɛːkarə]
enfermeira (f)	sjuksköterska (en)	[ˈfjʉːkˌfjøːtɛʂka]
médico (m) pessoal	personlig läkare (en)	[pɛˈʂʊnlig ˈlˑɛːkarə]

dentista (m)	tandläkare (en)	[ˈtandˌlˑɛːkarə]
oculista (m)	ögonläkare (en)	[ˈøːgɔnˌlˑɛːkarə]
terapeuta (m)	terapeut (en)	[teraˈpeft]
cirurgião (m)	kirurg (en)	[ɕiˈrʉrg]

psiquiatra (m)	psykiater (en)	[sykiˈatər]
pediatra (m)	barnläkare (en)	[ˈbaːɳˌlˑɛːkarə]
psicólogo (m)	psykolog (en)	[sykʊˈlˑɔg]
ginecologista (m)	gynekolog (en)	[ginekʊˈlˑɔg]
cardiologista (m)	kardiolog (en)	[kaːɖjʊˈlˑɔg]

52. Medicina. Drogas. Acessórios

medicamento (m)	medicin (en)	[mediˈsin]
remédio (m)	medel (ett)	[ˈmedəlˑ]
receitar (vt)	att ordinera	[at oːɖiˈnera]
receita (f)	recept (ett)	[reˈsɛpt]

comprimido (m)	tablett (en)	[tabˈlˑet]
pomada (f)	salva (en)	[ˈsalˑva]
ampola (f)	ampull (en)	[amˈpulˑ]
preparado (m)	mixtur (en)	[miksˈtʉːr]
xarope (m)	sirap (en)	[ˈsirap]
cápsula (f)	piller (ett)	[ˈpilˑer]
remédio (m) em pó	pulver (ett)	[ˈpulˑvər]

ligadura (f)	gasbinda (en)	[ˈgasˌbinda]
algodão (m)	vadd (en)	[ˈvad]
iodo (m)	jod (en)	[ˈjʊd]

penso (m) rápido	plåster (ett)	[ˈplˑɔstər]
conta-gotas (m)	pipett (en)	[piˈpɛt]
termómetro (m)	termometer (en)	[tɛrmʊˈmetər]
seringa (f)	spruta (en)	[ˈsprʉta]

| cadeira (f) de rodas | rullstol (en) | [ˈrʉlˑˌstʊlˑ] |
| muletas (f pl) | kryckor (pl) | [ˈkrʏkʊr] |

| analgésico (m) | smärtstillande medel (ett) | [ˈsmæːtˌstilˑande ˈmedəlˑ] |
| laxante (m) | laxermedel (ett) | [ˈlˑaksər ˈmedəlˑ] |

álcool (m) etílico	sprit (en)	['sprit]
ervas (f pl) medicinais	läkeväxter (pl)	['lɪɛkəˌvɛkstər]
de ervas (chá ~)	ört-	['øːt̚-]

HABITAT HUMANO

Cidade

53. Cidade. Vida na cidade

cidade (f)	stad (en)	['stad]
capital (f)	huvudstad (en)	['hʉːvʉd͵stad]
aldeia (f)	by (en)	['by]
mapa (m) da cidade	stadskarta (en)	['stads͵kaːʈa]
centro (m) da cidade	centrum (ett)	['sɛntrum]
subúrbio (m)	förort (en)	['førˌʊːʈ]
suburbano	förorts-	['førˌʊːʈs-]
periferia (f)	utkant (en)	['ʉt͵kant]
arredores (m pl)	omgivningar (pl)	['ɔmˌjiːvniŋar]
quarteirão (m)	kvarter (ett)	[kvaːˈʈər]
quarteirão (m) residencial	bostadskvarter (ett)	['bʊstads͵kvaːˈʈər]
tráfego (m)	trafik (en)	[traˈfik]
semáforo (m)	trafikljus (ett)	[traˈfikˌjʉːs]
transporte (m) público	offentlig transport (en)	[ɔˈfɛntli transˈpɔːʈ]
cruzamento (m)	korsning (en)	['kɔːʂniŋ]
passadeira (f)	övergångsställe (ett)	['øːvərgɔŋsˌstɛlʲe]
passagem (f) subterrânea	gångtunnel (en)	['gɔŋˌtunəlʲ]
cruzar, atravessar (vt)	att gå över	[at 'goː 'øːvər]
peão (m)	fotgängare (en)	['fʊtjenarə]
passeio (m)	trottoar (en)	[trɔtuˈar]
ponte (f)	bro (en)	['brʊ]
margem (f) do rio	kaj (en)	['kaj]
fonte (f)	fontän (en)	[fɔnˈtɛn]
alameda (f)	allé (en)	[aˈlʲeː]
parque (m)	park (en)	['park]
bulevar (m)	boulevard (en)	[bulʲeˈvaːd]
praça (f)	torg (ett)	['tɔrj]
avenida (f)	aveny (en)	[aveˈny]
rua (f)	gata (en)	['gata]
travessa (f)	sidogata (en)	['sidʊ͵gata]
beco (m) sem saída	återvändsgränd (en)	['oːtərvɛns͵grɛnd]
casa (f)	hus (ett)	['hʉs]
edifício, prédio (m)	byggnad (en)	['bygnad]
arranha-céus (m)	skyskrapa (en)	['ɧy͵skrapa]
fachada (f)	fasad (en)	[faˈsad]
telhado (m)	tak (ett)	['tak]

janela (f)	fönster (ett)	['fœnstər]
arco (m)	båge (en)	['boːgə]
coluna (f)	kolonn (en)	[kʊˈlʲɔn]
esquina (f)	knut (en)	['knʉt]
montra (f)	skyltfönster (ett)	['ɧylʲt͵fœnstər]
letreiro (m)	skylt (en)	['ɧylʲt]
cartaz (m)	affisch (en)	[aˈfiːʃ]
cartaz (m) publicitário	reklamplakat (ett)	[rɛˈklʲam͵plʲaˈkat]
painel (m) publicitário	reklamskylt (en)	[rɛˈklʲam͵ɧylʲt]
lixo (m)	sopor, avfall (ett)	['sʊpʊr], ['avfalʲ]
cesta (f) do lixo	soptunna (en)	['sʊp͵tuna]
jogar lixo na rua	att skräpa ner	[at 'skrɛːpa ner]
aterro (m) sanitário	soptipp (en)	['sʊp͵tip]
cabine (f) telefónica	telefonkiosk (en)	[telʲeˈfon͵çøsk]
candeeiro (m) de rua	lyktstolpe (en)	['lʲyk͵stolʲpə]
banco (m)	bänk (ett)	['bɛŋk]
polícia (m)	polis (en)	[pʊˈlis]
polícia (instituição)	polis (en)	[pʊˈlis]
mendigo (m)	tiggare (en)	['tigarə]
sem-abrigo (m)	hemlös (ett)	['hɛmlʲøːs]

54. Instituições urbanas

loja (f)	affär, butik (en)	[aˈfæːr], [bʊˈtik]
farmácia (f)	apotek (ett)	[apʊˈtek]
ótica (f)	optiker (en)	['ɔptikər]
centro (m) comercial	köpcenter (ett)	['çøːp͵sɛntɛr]
supermercado (m)	snabbköp (ett)	['snab͵çøːp]
padaria (f)	bageri (ett)	[bageˈriː]
padeiro (m)	bagare (en)	['bagarə]
pastelaria (f)	konditori (ett)	[kɔndɪtʊˈriː]
mercearia (f)	speceriaffär (en)	[speseˈri aˈfæːr]
talho (m)	slaktare butik (en)	['slʲaktarə bʊˈtik]
loja (f) de legumes	grönsakshandel (en)	['grøːnsaks͵handəlʲ]
mercado (m)	marknad (en)	['marknad]
café (m)	kafé (ett)	[kaˈfeː]
restaurante (m)	restaurang (en)	[rɛstɔˈraŋ]
bar (m), cervejaria (f)	pub (en)	['pub]
pizzaria (f)	pizzeria (en)	[pitseˈria]
salão (m) de cabeleireiro	frisersalong (en)	['frisər sa͵lʲɔŋ]
correios (m pl)	post (en)	['pɔst]
lavandaria (f)	kemtvätt (en)	['çemtvæt]
estúdio (m) fotográfico	fotoateljé (en)	['fʊtʊ atə͵ljeː]
sapataria (f)	skoaffär (en)	['skʊːa͵fæːr]
livraria (f)	bokhandel (en)	['bʊk͵handəlʲ]

loja (f) de artigos de desporto	sportaffär (en)	['spɔːt a'fæːr]
reparação (f) de roupa	klädreparationer (en)	['klʲɛd 'repara‚hʊnər]
aluguer (m) de roupa	kläduthyrning (en)	['klʲɛd ʉ'tyːnɪŋ]
aluguer (m) de filmes	filmuthyrning (en)	['filʲm ʉ'tyːnɪŋ]
circo (m)	cirkus (en)	['sirkʉs]
jardim (m) zoológico	zoo (ett)	['sʊː]
cinema (m)	biograf (en)	[biʊ'graf]
museu (m)	museum (ett)	[mʉ'seum]
biblioteca (f)	bibliotek (ett)	[bibliʊ'tek]
teatro (m)	teater (en)	[te'atər]
ópera (f)	opera (en)	['ʊpera]
clube (m) noturno	nattklubb (en)	['nat‚klʉb]
casino (m)	kasino (ett)	[ka'sinʊ]
mesquita (f)	moské (en)	[mʊs'keː]
sinagoga (f)	synagoga (en)	['syna‚gɔga]
catedral (f)	katedral (en)	[katɛ'dralʲ]
templo (m)	tempel (ett)	['tɛmpəlʲ]
igreja (f)	kyrka (en)	['çyrka]
instituto (m)	institut (ett)	[insti'tʉt]
universidade (f)	universitet (ett)	[univɛṣi'tet]
escola (f)	skola (en)	['skʊlʲa]
prefeitura (f)	prefektur (en)	[prefɛk'tʉːr]
câmara (f) municipal	rådhus (en)	['rɔd‚hʉs]
hotel (m)	hotell (ett)	[hʊ'tɛlʲ]
banco (m)	bank (en)	['baŋk]
embaixada (f)	ambassad (en)	[amba'sad]
agência (f) de viagens	resebyrå (en)	['reseby‚rɔː]
agência (f) de informações	informationsbyrå (en)	[informa'ɦʊns by‚rɔː]
casa (f) de câmbio	växelkontor (ett)	['vɛksəlʲ kɔn'tʊr]
metro (m)	tunnelbana (en)	['tunəlʲ‚bana]
hospital (m)	sjukhus (ett)	['ɦʉːk‚hʉs]
posto (m) de gasolina	bensinstation (en)	[bɛn'sin‚sta'ɦʊn]
parque (m) de estacionamento	parkeringsplats (en)	[par'kerɪŋs‚plʲats]

55. Sinais

letreiro (m)	skylt (en)	['ɦylʲt]
inscrição (f)	inskrift (en)	['in‚skrift]
cartaz, póster (m)	poster, löpsedel (en)	['pɔstər], ['løp‚sedəlʲ]
sinal (m) informativo	vägvisare (en)	['vɛːg‚visarə]
seta (f)	pil (en)	['pilʲ]
aviso (advertência)	varning (en)	['vaːnɪŋ]
sinal (m) de aviso	varningsskylt (en)	['vaːnɪŋs ‚ɦylʲt]
avisar, advertir (vt)	att varna	[at 'vaːna]
dia (m) de folga	fridag (en)	['fri‚dag]

horário (m)	tidtabell (en)	['tid ta'bɛlʲ]
horário (m) de funcionamento	öppettider (pl)	['øpet̩ti:dər]
BEM-VINDOS!	VÄLKOMMEN!	['vɛlʲˌkɔmən]
ENTRADA	INGÅNG	['inˌgɔŋ]
SAÍDA	UTGÅNG	['ʉtˌgɔŋ]
EMPURRE	TRYCK	['trʏk]
PUXE	DRAG	['drag]
ABERTO	ÖPPET	['øpet]
FECHADO	STÄNGT	['stɛnt]
MULHER	DAMER	['damər]
HOMEM	HERRAR	['hɛ'rar]
DESCONTOS	RABATT	[ra'bat]
SALDOS	REA	['rea]
NOVIDADE!	NYHET!	['nyhet]
GRÁTIS	GRATIS	['gratis]
ATENÇÃO!	OBS!	['ɔbs]
NÃO HÁ VAGAS	FUIIBOKAT	['fulʲˌbʉkat]
RESERVADO	RESERVERAT	[resɛr'verat]
ADMINISTRAÇÃO	ADMINISTRATION	[administra'ɧʉn]
SOMENTE PESSOAL AUTORIZADO	ENDAST PERSONAL	['ɛndast pɛʂʉ'nalʲ]
CUIDADO CÃO FEROZ	VARNING FÖR HUNDEN	['vaːɳiŋ før 'hundən]
PROIBIDO FUMAR!	RÖKNING FÖRBJUDEN	['rœkniŋ før'bjʉːdən]
NÃO TOCAR	FÅR EJ VIDRÖRAS!	['foːr ej 'vidrøːras]
PERIGOSO	FARLIG	['faːlig]
PERIGO	FARA	['fara]
ALTA TENSÃO	HÖGSPÄNNING	['høːgˌspɛniŋ]
PROIBIDO NADAR	BADNING FÖRBJUDEN	['badniŋ før'bjʉːdən]
AVARIADO	UR FUNKTION	['ʉr fuŋk'ɧʉn]
INFLAMÁVEL	BRANDFARLIG	['brandˌfaːlig]
PROIBIDO	FÖRBJUD	[før'bjʉːd]
ENTRADA PROIBIDA	TIIITRÄDE FÖRBJUDET	['tilʲtrɛːdə før'bjʉːdət]
CUIDADO TINTA FRESCA	NYMÅLAT	['nyˌmoːlʲat]

56. Transportes urbanos

autocarro (m)	buss (en)	['bus]
elétrico (m)	spårvagn (en)	['spoːrˌvagn]
troleicarro (m)	trådbuss (en)	['troːdˌbus]
itinerário (m)	rutt (en)	['rut]
número (m)	nummer (ett)	['numər]
ir de ... (carro, etc.)	att åka med ...	[at 'oːka me ...]
entrar (~ no autocarro)	att stiga på ...	[at 'stiga pɔ ...]
descer de ...	att stiga av ...	[at 'stiga 'av ...]

paragem (f)	hållplats (en)	['hoːlʲˌplats]
próxima paragem (f)	nästa hållplats (en)	['nɛsta 'hoːlʲˌplats]
ponto (m) final	slutstation (en)	['slʉtˌstaˈɧun]
horário (m)	tidtabell (en)	['tid taˈbɛlʲ]
esperar (vt)	att vänta	[at ˈvɛnta]
bilhete (m)	biljett (en)	[biˈlʲet]
custo (m) do bilhete	biljettpris (ett)	[biˈlʲetˌpris]
bilheteiro (m)	kassör (en)	[kaˈsøːr]
controlo (m) dos bilhetes	biljettkontroll (en)	[biˈlʲet kɔnˈtrolʲ]
revisor (m)	kontrollant (en)	[kɔntrɔˈlʲant]
atrasar-se (vr)	att komma för sent	[at ˈkɔma før ˈsɛnt]
perder (o autocarro, etc.)	att komma för sent till ...	[at ˈkɔma før ˈsɛnt tilʲ ...]
estar com pressa	att skynda sig	[at ˈɧynda sɛj]
táxi (m)	taxi (en)	[ˈtaksi]
taxista (m)	taxichaufför (en)	[ˈtaksi ɧoˈføːr]
de táxi (ir ~)	med taxi	[me ˈtaksi]
praça (f) de táxis	taxihållplats (en)	[ˈtaksi 'hoːlʲˌplʲats]
chamar um táxi	att ringa efter taxi	[at ˈriŋa ˌɛftə ˈtaksi]
apanhar um táxi	att ta en taxi	[at ta en ˈtaksi]
tráfego (m)	trafik (en)	[traˈfik]
engarrafamento (m)	trafikstopp (ett)	[traˈfikˌstɔp]
horas (f pl) de ponta	rusningstid (en)	[ˈrusniŋsˌtid]
estacionar (vi)	att parkera	[at parˈkera]
estacionar (vt)	att parkera	[at parˈkera]
parque (m) de estacionamento	parkeringsplats (en)	[parˈkeriŋsˌplʲats]
metro (m)	tunnelbana (en)	[ˈtunəlʲˌbana]
estação (f)	station (en)	[staˈɧun]
ir de metro	att ta tunnelbanan	[at ta ˈtunəlʲˌbanan]
comboio (m)	tåg (ett)	[ˈtoːg]
estação (f)	tågstation (en)	[ˈtoːgˌstaˈɧun]

57. Turismo

monumento (m)	monument (ett)	[mɔnuˈmɛnt]
fortaleza (f)	fästning (en)	[ˈfɛstniŋ]
palácio (m)	palats (ett)	[paˈlʲats]
castelo (m)	borg (en)	[ˈbɔrj]
torre (f)	torn (ett)	[ˈtʉːn]
mausoléu (m)	mausoleum (ett)	[mausuˈlʲeum]
arquitetura (f)	arkitektur (en)	[arkitɛkˈtʉːr]
medieval	medeltida	[ˈmedəlʲˌtida]
antigo	gammal	[ˈgamalʲ]
nacional	nationell	[natɧuˈnɛlʲ]
conhecido	berömd	[beˈrœmd]
turista (m)	turist (en)	[tuˈrist]
guia (pessoa)	guide (en)	[ˈgajd]

excursão (f)	utflykt (en)	['ʉt͡ˌflʲykt]
mostrar (vt)	att visa	[at 'visa]
contar (vt)	att berätta	[at be'ræta]
encontrar (vt)	att hitta	[at 'hita]
perder-se (vr)	att gå vilse	[at 'go: 'vilʲsə]
mapa (~ do metrô)	karta (en)	['ka:ţa]
mapa (~ da cidade)	karta (en)	['ka:ţa]
lembrança (f), presente (m)	souvenir (en)	[suvɛ'ni:r]
loja (f) de presentes	souvenirbutik (en)	[suvɛ'ni:r bu'tik]
fotografar (vt)	att fotografera	[at futʊgra'fera]
fotografar-se	att bli fotograferad	[at bli futʊgra'ferad]

58. Compras

comprar (vt)	att köpa	[at 'ɕø:pa]
compra (f)	inköp (ett)	['in͡ˌɕø:p]
fazer compras	att shoppa	[at 'ʃɔpa]
compras (f pl)	shopping (en)	['ʃɔpiŋ]
estar aberta (loja, etc.)	att vara öppen	[at 'vara 'øpən]
estar fechada	att vara stängd	[at 'vara stɛŋd]
calçado (m)	skodon (pl)	['skʊdʊn]
roupa (f)	kläder (pl)	['klʲɛ:dər]
cosméticos (m pl)	kosmetika (en)	[kɔs'mɛtika]
alimentos (m pl)	matvaror (pl)	['mat͡ˌvarʊr]
presente (m)	gåva, present (en)	['go:va], [pre'sɛnt]
vendedor (m)	försäljare (en)	[fœ:'ʂɛljarə]
vendedora (f)	försäljare (en)	[fœ:'ʂɛljarə]
caixa (f)	kassa (en)	['kasa]
espelho (m)	spegel (en)	['spegəlʲ]
balcão (m)	disk (en)	['disk]
cabine (f) de provas	provrum (ett)	['prʊv͡ˌru:m]
provar (vt)	att prova	[at 'prʊva]
servir (vi)	att passa	[at 'pasa]
gostar (apreciar)	att gilla	[at 'jilʲa]
preço (m)	pris (ett)	['pris]
etiqueta (f) de preço	prislapp (en)	['pris͡ˌlʲap]
custar (vt)	att kosta	[at 'kɔsta]
Quanto?	Hur mycket?	[hʉr 'mykə]
desconto (m)	rabatt (en)	[ra'bat]
não caro	billig	['bilig]
barato	billig	['bilig]
caro	dyr	['dyr]
É caro	Det är dyrt	[dɛ æ:r 'dy:t]
aluguer (m)	uthyrning (en)	['ʉt͡ˌhyŋiŋ]
alugar (vestidos, etc.)	att hyra	[at 'hyra]

crédito (m)	kredit (en)	[kre'dit]
a crédito	på kredit	[pɔ kre'dit]

59. Dinheiro

dinheiro (m)	pengar (pl)	['pɛŋar]
câmbio (m)	växling (en)	['vɛkslɪŋ]
taxa (f) de câmbio	kurs (en)	['kuːʂ]
Caixa Multibanco (m)	bankomat (en)	[baŋkʊ'mat]
moeda (f)	mynt (ett)	['mʏnt]
dólar (m)	dollar (en)	['dɔlʲar]
euro (m)	euro (en)	['ɛvrɔ]
lira (f)	lire (en)	['lirə]
marco (m)	mark (en)	['mark]
franco (m)	franc (en)	['fran]
libra (f) esterlina	pund sterling (ett)	['puŋ stɛr'lɪŋ]
iene (m)	yen (en)	['jɛn]
dívida (f)	skuld (en)	['skʉlʲd]
devedor (m)	gäldenär (en)	[jɛlʲdɛ'næːr]
emprestar (vt)	att låna ut	[at 'lʲoːna ʉt]
pedir emprestado	att låna	[at 'lʲoːna]
banco (m)	bank (en)	['baŋk]
conta (f)	konto (ett)	['kɔntʊ]
depositar (vt)	att sätta in	[at 'sæta in]
depositar na conta	att sätta in på kontot	[at 'sæta in pɔ 'kɔntʊt]
levantar (vt)	att ta ut från kontot	[at ta ʉt frɔn 'kɔntʊt]
cartão (m) de crédito	kreditkort (ett)	[kre'dit‚kɔːt]
dinheiro (m) vivo	kontanter (pl)	[kɔn'tantər]
cheque (m)	check (en)	['ɕɛk]
passar um cheque	att skriva en check	[at 'skriva en 'ɕɛk]
livro (m) de cheques	checkbok (en)	['ɕɛk‚bʊk]
carteira (f)	plånbok (en)	['plʲoːn‚bʊk]
porta-moedas (m)	börs (en)	['bøːʂ]
cofre (m)	säkerhetsskåp (ett)	['sɛːkərhets‚skoːp]
herdeiro (m)	arvinge (en)	['arviŋə]
herança (f)	arv (ett)	['arv]
fortuna (riqueza)	förmögenhet (en)	[før'møgən‚het]
arrendamento (m)	hyra (en)	['hyra]
renda (f) de casa	hyra (en)	['hyra]
alugar (vt)	att hyra	[at 'hyra]
preço (m)	pris (ett)	['pris]
custo (m)	kostnad (en)	['kɔstnad]
soma (f)	summa (en)	['suma]
gastar (vt)	att lägga ut	[at 'lʲɛga ʉt]
gastos (m pl)	utgifter (pl)	['ʉt‚jiftər]

economizar (vi)	att spara	[at 'spara]
económico	sparsam	['spa:ʂam]
pagar (vt)	att betala	[at be'talʲa]
pagamento (m)	betalning (en)	[be'talʲniŋ]
troco (m)	växel (en)	['vɛksəlʲ]
imposto (m)	skatt (en)	['skat]
multa (f)	bot (en)	['bʊt]
multar (vt)	att bötfälla	[at 'bøt̞fɛlʲa]

60. Correios. Serviço postal

correios (m pl)	post (en)	['pɔst]
correio (m)	post (en)	['pɔst]
carteiro (m)	brevbärare (en)	['brev̞bæ:rarə]
horário (m)	öppettider (pl)	['øpet̞ti:dər]
carta (f)	brev (ett)	['brev]
carta (f) registada	rekommenderat brev (ett)	[rekɔmən'derat brev]
postal (m)	postkort (ett)	['pɔst̞kɔ:t]
telegrama (m)	telegram (ett)	[telʲe'gram]
encomenda (f) postal	postpaket (ett)	['pɔst pa̞ket]
remessa (f) de dinheiro	pengaöverföring (en)	['pɛŋa̞øve'fø:riŋ]
receber (vt)	att ta emot	[at ta ɛmo:t]
enviar (vt)	att skicka	[at 'ɧika]
envio (m)	avsändning (en)	['av̞sɛndniŋ]
endereço (m)	adress (en)	[a'drɛs]
código (m) postal	postnummer (ett)	['pɔst̞numər]
remetente (m)	avsändare (en)	['av̞sɛndarə]
destinatário (m)	mottagare (en)	['mɔt̞tagarə]
nome (m)	förnamn (ett)	['fœ:ˌɳamn]
apelido (m)	efternamn (ett)	['ɛftəˌɳamn]
tarifa (f)	tariff (en)	[ta'rif]
ordinário	vanlig	['vanlig]
económico	ekonomisk	[ɛkʊ'nɔmisk]
peso (m)	vikt (en)	['vikt]
pesar (estabelecer o peso)	att väga	[at 'vɛ:ga]
envelope (m)	kuvert (ett)	[kʉ:'vær]
selo (m)	frimärke (ett)	['friˌmærkə]
colar o selo	att sätta på frimärke	[at 'sæta pɔ 'friˌmærkə]

Moradia. Casa. Lar

61. Casa. Eletricidade

eletricidade (f)	elektricitet (en)	[ɛlʲektrisi'tet]
lâmpada (f)	glödlampa (en)	['glʲøːdˌlʲampa]
interruptor (m)	strömbrytare (en)	['strøːmˌbrytarə]
fusível (m)	propp (en)	['prɔp]
fio, cabo (m)	ledning (en)	['lʲednin]
instalação (f) elétrica	ledningsnät (ett)	['lʲedninsˌnɛːt]
contador (m) de eletricidade	elmätare (en)	['ɛlʲˌmɛːtarə]
indicação (f), registo (m)	avläsningar (pl)	['avˌlʲɛsninar]

62. Moradia. Mansão

casa (f) de campo	fritidshus (ett)	['fritidsˌhʉs]
vila (f)	villa (en)	['vilʲa]
ala (~ do edifício)	vinge (en)	['vinə]
jardim (m)	trädgård (en)	['trɛːgoːd]
parque (m)	park (en)	['park]
estufa (f)	växthus (ett)	['vɛkstˌhʉs]
cuidar de ...	att ta hand	[at ta 'hand]
piscina (f)	simbassäng (en)	['simbaˌsɛŋ]
ginásio (m)	gym (ett)	['dʒym]
campo (m) de ténis	tennisbana (en)	['tɛnisˌbana]
cinema (m)	hemmabio (en)	['hɛmaˌbiːʊ]
garagem (f)	garage (ett)	[ga'raʃ]
propriedade (f) privada	privategendom (en)	[pri'vat 'ɛɡənˌdʊm]
terreno (m) privado	privat tomt (en)	[pri'vat tɔmt]
advertência (f)	varning (en)	['vaːniŋ]
sinal (m) de aviso	varningsskylt (en)	['vaːnins ˌɦylʲt]
guarda (f)	säkerhet (en)	['sɛːkərˌhet]
guarda (m)	säkerhetsvakt (en)	['sɛːkərhetsˌvakt]
alarme (m)	tjuvlarm (ett)	['ɕʉvlʲarm]

63. Apartamento

apartamento (m)	lägenhet (en)	['lʲeːɡənˌhet]
quarto (m)	rum (ett)	['ruːm]
quarto (m) de dormir	sovrum (ett)	['sɔvˌrum]

sala (f) de jantar	matsal (en)	['matsalʲ]
sala (f) de estar	vardagsrum (ett)	['vaːdasˌrum]
escritório (m)	arbetsrum (ett)	['arbetsˌrum]
antessala (f)	entréhall (en)	[ɛntreːhalʲ]
quarto (m) de banho	badrum (ett)	['badˌruːm]
toilette (lavabo)	toalett (en)	[tʊa'lʲet]
teto (m)	tak (ett)	['tak]
chão, soalho (m)	golv (ett)	['gɔlʲv]
canto (m)	hörn (ett)	['høːŋ]

64. Mobiliário. Interior

mobiliário (m)	möbel (en)	['møːbəlʲ]
mesa (f)	bord (ett)	['buːd]
cadeira (f)	stol (en)	['stʊlʲ]
cama (f)	säng (en)	['sɛŋ]
divã (m)	soffa (en)	['sɔfa]
cadeirão (m)	fåtölj, länstol (en)	[foː'tœlj], ['lɛnˌstʊlʲ]
estante (f)	bokhylla (en)	['bʊkˌhylʲa]
prateleira (f)	hylla (en)	['hylʲa]
guarda-vestidos (m)	garderob (en)	[gaːdə'rɔːb]
cabide (m) de parede	knagg (en)	['knag]
cabide (m) de pé	klädhängare (en)	['klʲɛdˌhɛŋarə]
cómoda (f)	byrå (en)	['byroː]
mesinha (f) de centro	soffbord (ett)	['sɔfˌbuːd]
espelho (m)	spegel (en)	['spegəlʲ]
tapete (m)	matta (en)	['mata]
tapete (m) pequeno	liten matta (en)	['litən 'mata]
lareira (f)	kamin (en), eldstad (ett)	[ka'min], ['ɛlʲdˌstad]
vela (f)	ljus (ett)	['jʉːs]
castiçal (m)	ljusstake (en)	['jʉːsˌstakə]
cortinas (f pl)	gardiner (pl)	[gaː'dinər]
papel (m) de parede	tapet (en)	[ta'pet]
estores (f pl)	persienn (en)	[pɛ'ʂjen]
candeeiro (m) de mesa	bordslampa (en)	['bʊːdsˌlʲampa]
candeeiro (m) de parede	vägglampa (en)	['vɛgˌlʲampa]
candeeiro (m) de pé	golvlampa (en)	['gɔlʲvˌlʲampa]
lustre (m)	ljuskrona (en)	['jʉːsˌkrʊna]
pé (de mesa, etc.)	ben (ett)	['beːn]
braço (m)	armstöd (ett)	['armˌstøːd]
costas (f pl)	rygg (en)	['rʏg]
gaveta (f)	låda (en)	['lʲoːda]

65. Quarto de dormir

roupa (f) de cama	sängkläder (pl)	['sɛŋˌklʲɛːdər]
almofada (f)	kudde (en)	['kudə]
fronha (f)	örngott (ett)	['øːŋˌgɔt]
cobertor (m)	duntäcke (ett)	['duːnˌtɛkə]
lençol (m)	lakan (ett)	['lʲakan]
colcha (f)	överkast (ett)	['øːvəˌkast]

66. Cozinha

cozinha (f)	kök (ett)	['ɕøːk]
gás (m)	gas (en)	['gas]
fogão (m) a gás	gasspis (en)	['gasˌspis]
fogão (m) elétrico	elektrisk spis (en)	[ɛ'lʲektrisk ˌspis]
forno (m)	bakugn (en)	['bakˌugn]
forno (m) de micro-ondas	mikrovågsugn (en)	['mikrʊvɔgsˌugn]
frigorífico (m)	kylskåp (ett)	['ɕylʲˌskoːp]
congelador (m)	frys (en)	['frys]
máquina (f) de lavar louça	diskmaskin (en)	['diskˌma'ɧiːn]
moedor (m) de carne	köttkvarn (en)	['ɕœtˌkvaːɳ]
espremedor (m)	juicepress (en)	['juːsˌprɛs]
torradeira (f)	brödrost (en)	['brøːdˌrɔst]
batedeira (f)	mixer (en)	['miksər]
máquina (f) de café	kaffebryggare (en)	['kafəˌbrygarə]
cafeteira (f)	kaffekanna (en)	['kafəˌkana]
moinho (m) de café	kaffekvarn (en)	['kafəˌkvaːɳ]
chaleira (f)	tekittel (en)	['teˌɕitəlʲ]
bule (m)	tekanna (en)	['teˌkana]
tampa (f)	lock (ett)	['lʲɔk]
coador (m) de chá	tesil (en)	['teˌsilʲ]
colher (f)	sked (en)	['ɧed]
colher (f) de chá	tesked (en)	['teˌɧed]
colher (f) de sopa	matsked (en)	['matˌɧed]
garfo (m)	gaffel (en)	['gafəlʲ]
faca (f)	kniv (en)	['kniv]
louça (f)	servis (en)	[sɛr'vis]
prato (m)	tallrik (en)	['talʲrik]
pires (m)	tefat (ett)	['teˌfat]
cálice (m)	shotglas (ett)	['ʃɔtˌglʲas]
copo (m)	glas (ett)	['glʲas]
chávena (f)	kopp (en)	['kɔp]
açucareiro (m)	sockerskål (en)	['sɔkəːˌskoːlʲ]
saleiro (m)	saltskål (en)	['salʲtˌskoːlʲ]
pimenteiro (m)	pepparskål (en)	['pɛpaˌskoːlʲ]

manteigueira (f)	smörfat (en)	['smœr̩fat]
panela, caçarola (f)	kastrull, gryta (en)	[ka'strulʲ], ['gryta]
frigideira (f)	stekpanna (en)	['stek̩pana]
concha (f)	slev (en)	['slʲev]
passador (m)	durkslag (ett)	['durk̩slʲag]
bandeja (f)	bricka (en)	['brika]

garrafa (f)	flaska (en)	['flʲaska]
boião (m) de vidro	glasburk (en)	['glʲas̩burk]
lata (f)	burk (en)	['burk]

abre-garrafas (m)	flasköppnare (en)	['flʲask̩øpnarə]
abre-latas (m)	burköppnare (en)	['burk̩øpnarə]
saca-rolhas (m)	korkskruv (en)	['kɔrk̩skruːv]
filtro (m)	filter (ett)	['filʲtər]
filtrar (vt)	att filtrera	[at filʲ'trera]

lixo (m)	sopor, avfall (ett)	['sʊpʊr], ['avfalʲ]
balde (m) do lixo	sophink (en)	['sʊp̩hiŋk]

67. Casa de banho

quarto (m) de banho	badrum (ett)	['bad̩ruːm]
água (f)	vatten (ett)	['vatən]
torneira (f)	kran (en)	['kran]
água (f) quente	varmvatten (ett)	['varm̩vatən]
água (f) fria	kallvatten (ett)	['kalʲ̩vatən]

pasta (f) de dentes	tandkräm (en)	['tand̩krɛm]
escovar os dentes	att borsta tänderna	[at 'bɔːʂta 'tɛndɛːɳa]
escova (f) de dentes	tandborste (en)	['tand̩bɔːʂtə]

barbear-se (vr)	att raka sig	[at 'raka sɛj]
espuma (f) de barbear	raklödder (ett)	['rak̩lʲødər]
máquina (f) de barbear	hyvel (en)	['hyvəlʲ]

lavar (vt)	att tvätta	[at 'tvæta]
lavar-se (vr)	att tvätta sig	[at 'tvæta sɛj]
duche (m)	dusch (en)	['duʃ]
tomar um duche	att duscha	[at 'duʃa]

banheira (f)	badkar (ett)	['bad̩kar]
sanita (f)	toalettstol (en)	[tʊa'lʲet̩stʊlʲ]
lavatório (m)	handfat (ett)	['hand̩fat]

sabonete (m)	tvål (en)	['tvoːlʲ]
saboneteira (f)	tvålskål (en)	['tvoːlʲ̩skoːlʲ]

esponja (f)	svamp (en)	['svamp]
champô (m)	schampo (ett)	['ɧam̩pʊ]
toalha (f)	handduk (en)	['hand̩duːk]
roupão (m) de banho	morgonrock (en)	['mɔrgɔn̩rɔk]
lavagem (f)	tvätt (en)	['tvæt]
máquina (f) de lavar	tvättmaskin (en)	['tvæt̩ma'ɧiːn]

lavar a roupa | att tvätta kläder | [at 'tvæta 'klʲɛːdər]
detergente (m) | tvättmedel (ett) | ['tvætˌmedəlʲ]

68. Eletrodomésticos

televisor (m) | teve (en) | ['teve]
gravador (m) | bandspelare (en) | ['bandˌspelʲarə]
videogravador (m) | video (en) | ['videʊ]
rádio (m) | radio (en) | ['radiʊ]
leitor (m) | spelare (en) | ['spelʲarə]

projetor (m) | videoprojektor (en) | ['videʊ prʊ'jɛktʊr]
cinema (m) em casa | hemmabio (en) | ['hɛmaˌbiːʊ]
leitor (m) de DVD | DVD spelare (en) | [deveˈdeː ˌspelʲarə]
amplificador (m) | förstärkare (en) | [fœːˈʂtæːkarə]
console (f) de jogos | spelkonsol (en) | ['spelʲ kɔnˈsɔlʲ]

câmara (f) de vídeo | videokamera (en) | ['videʊˌkamera]
máquina (f) fotográfica | kamera (en) | ['kamera]
câmara (f) digital | digitalkamera (en) | [digiˈtalʲ ˌkamera]

aspirador (m) | dammsugare (en) | ['damˌsʉgarə]
ferro (m) de engomar | strykjärn (ett) | ['strykˌjæːŋ]
tábua (f) de engomar | strykbräda (en) | ['strykˌbrɛːda]

telefone (m) | telefon (en) | [telʲeˈfɔn]
telemóvel (m) | mobiltelefon (en) | [mɔˈbilʲ telʲeˈfɔn]
máquina (f) de escrever | skrivmaskin (en) | ['skrivˌmaˈɧiːn]
máquina (f) de costura | symaskin (en) | ['syˌmaˈɧiːn]

microfone (m) | mikrofon (en) | [mikrʊˈfɔn]
auscultadores (m pl) | hörlurar (pl) | ['hœːˌlʲʉːrar]
controlo remoto (m) | fjärrkontroll (en) | ['fjæːrˌkɔnˈtrɔlʲ]

CD (m) | cd-skiva (en) | ['sede ˌɧiva]
cassete (f) | kassett (en) | [kaˈsɛt]
disco (m) de vinil | skiva (en) | ['ɧiva]

ATIVIDADES HUMANAS

Emprego. Negócios. Parte 1

69. Escritório. O trabalho no escritório

escritório (~ de advogados)	kontor (ett)	[kɔn'tʊr]
escritório (do diretor, etc.)	kontor (ett)	[kɔn'tʊr]
receção (f)	reception (en)	[resɛp'ɧʊn]
secretário (m)	sekreterare (en)	[sɛkrə'terarə]
secretária (f)	sekreterare (en)	[sɛkrə'terarə]
diretor (m)	direktör (en)	[dirɛk'tøːr]
gerente (m)	manager (en)	['meːnijər]
contabilista (m)	bokförare (en)	['bʊkˌføːrarə]
empregado (m)	anställd (en)	['anstɛlʲd]
mobiliário (m)	möbel (en)	['møːbəlʲ]
mesa (f)	bord (ett)	['bʊːd]
cadeira (f)	arbetsstol (en)	['arbetsˌstʊlʲ]
bloco (m) de gavetas	kassette, skuffemodul (en)	[ka'sɛtə], ['skufəˌmɔdul]
cabide (m) de pé	klädhängare (en)	['klʲɛdˌhɛŋarə]
computador (m)	dator (en)	['datʊr]
impressora (f)	skrivare (en)	['skrivarə]
fax (m)	fax (en)	['faks]
fotocopiadora (f)	kopiator (en)	[kʊpi'atʊr]
papel (m)	papper (ett)	['papər]
artigos (m pl) de escritório	kontorsmaterial (ett)	[kɔn'tʊːʂ mate'rjalʲ]
tapete (m) de rato	musmatta (en)	['mʉːsˌmata]
folha (f) de papel	ark (ett)	['arkʲ]
pasta (f)	mapp (en)	['map]
catálogo (m)	katalog (en)	[kata'lʲɔg]
diretório (f) telefónico	telefonkatalog (en)	[telʲe'fɔn kata'lʲɔg]
documentação (f)	dokumentation (en)	[dɔkumənta'ɧʊn]
brochura (f)	broschyr (en)	[brɔ'ɧyr]
flyer (m)	reklamblad (ett)	[rɛ'klʲamˌblʲad]
amostra (f)	prov (ett)	['prʊv]
formação (f)	träning (en)	['trɛːniŋ]
reunião (f)	möte (ett)	['møːtə]
hora (f) de almoço	lunchrast (en)	['lʉnɕˌrast]
fazer uma cópia	att ta en kopia	[at ta en kʊ'pia]
tirar cópias	att kopiera	[at kɔ'pjera]
receber um fax	att ta emot fax	[at ta ɛmoːt 'faks]
enviar um fax	att skicka fax	[at 'ɧika 'faks]

fazer uma chamada	att ringa	[at 'riŋa]
responder (vt)	att svara	[at 'svara]
passar (vt)	att koppla till ...	[at 'koplʲa tilʲ ...]
marcar (vt)	att arrangera	[at aran'ʃera]
demonstrar (vt)	att demonstrera	[at demɔn'strera]
estar ausente	att vara frånvarande	[at 'vara 'froːn‚varandə]
ausência (f)	frånvaro (en)	['froːn‚varʊ]

70. Processos negociais. Parte 1

negócio (m)	handel (en)	['handəlʲ]
ocupação (f)	yrke (ett)	['yrkə]
firma, empresa (f)	firma (en)	['firma]
companhia (f)	bolag, företag (ett)	['bʊlʲag], ['førə‚tag]
corporação (f)	korporation (en)	[korpʊra'hʊn]
empresa (f)	företag (ett)	['førə‚tag]
agência (f)	agentur (en)	[agɛn'tʉːr]
acordo (documento)	avtal (ett)	['avtalʲ]
contrato (m)	kontrakt (ett)	[kɔn'trakt]
acordo (transação)	affär (en)	[a'fæːr]
encomenda (f)	beställning (en)	[bɛ'stɛlʲniŋ]
cláusulas (f pl), termos (m pl)	villkor (ett)	['vilʲ‚kor]
por grosso (adv)	en gros	[ɛn 'groː]
por grosso (adj)	grossist-, engros-	[grɔ'sist-], [ɛn'gro-]
venda (f) por grosso	grosshandel (en)	['grɔs‚handəlʲ]
a retalho	detalj-	[de'talj-]
venda (f) a retalho	detaljhandel (en)	[de'talj‚handəlʲ]
concorrente (m)	konkurrent (en)	[kɔŋku'rɛnt]
concorrência (f)	konkurrens (en)	[kɔŋku'rɛns]
competir (vi)	att konkurrera	[at kɔŋku'rera]
sócio (m)	partner (en)	['paːʈnər]
parceria (f)	partnerskap (ett)	['paːʈnɛ‚skap]
crise (f)	kris (en)	['kris]
bancarrota (f)	konkurs (en)	[kɔŋ'kuːʂ]
entrar em falência	att göra konkurs	[at 'jøːra kɔŋ'kuːʂ]
dificuldade (f)	svårighet (en)	['svoːrig‚het]
problema (m)	problem (ett)	[prɔ'blʲem]
catástrofe (f)	katastrof (en)	[kata'strɔf]
economia (f)	ekonomi (en)	[ɛkʊnɔ'miː]
económico	ekonomisk	[ɛkʊ'nomisk]
recessão (f) económica	ekonomisk nedgång (en)	[ɛkʊ'nomisk 'ned‚gɔŋ]
objetivo (m)	mål (ett)	['moːlʲ]
tarefa (f)	uppgift (en)	['up‚gift]
comerciar (vi, vt)	att handla	[at 'handlʲa]
rede (de distribuição)	nätverk (ett)	['nɛːt‚vɛrk]

| estoque (m) | lager (ett) | [ˈlˢagər] |
| sortimento (m) | sortiment (ett) | [sɔːtiˈmɛnt] |

líder (m)	ledare (en)	[ˈlˢedarə]
grande (~ empresa)	stor	[ˈstʊr]
monopólio (m)	monopol (en)	[mɔnɔˈpolˢ]

teoria (f)	teori (en)	[teʉˈriː]
prática (f)	praktik (en)	[prakˈtik]
experiência (falar por ~)	erfarenhet (en)	[ˈɛrfarɛnhet]
tendência (f)	tendens (en)	[tɛnˈdɛns]
desenvolvimento (m)	utveckling (en)	[ˈʉtˌvɛklɪŋ]

71. Processos negociais. Parte 2

| rentabilidade (f) | utbyte (ett), fördel (en) | [ˈʉtˌbytə], [ˈføːˌdel] |
| rentável | fördelaktig | [føːdəlˢaktig] |

delegação (f)	delegation (en)	[delˢegaˈɦʊn]
salário, ordenado (m)	lön (en)	[ˈlˢøːn]
corrigir (um erro)	att rätta	[at ˈræta]
viagem (f) de negócios	affärsresa (en)	[aˈfæːʂˌresa]
comissão (f)	provision (en)	[prɔviˈɦʊn]

controlar (vt)	att kontrollera	[at kɔntrɔˈlˢera]
conferência (f)	konferens (en)	[kɔnfəˈræns]
licença (f)	licens (en)	[liˈsɛns]
confiável	pålitlig	[ˈpoˌlitlig]

empreendimento (m)	initiativ (ett)	[initsjaˈtiv]
norma (f)	norm (en)	[ˈnɔrm]
circunstância (f)	omständighet (en)	[ˈɔmˌstɛndighet]
dever (m)	plikt (en)	[ˈplikt]

empresa (f)	organisation (en)	[ɔrganisaˈɦʊn]
organização (f)	organisering (en)	[ɔrganiˈserɪŋ]
organizado	organiserad	[ɔrganiˈserad]
anulação (f)	annullering (en)	[anʉˈlˢerɪŋ]
anular, cancelar (vt)	att inställa, att annullera	[at inˈstɛlˢa], [at anʉˈlˢera]
relatório (m)	rapport (en)	[raˈpɔːt]

patente (f)	patent (ett)	[paˈtɛnt]
patentear (vt)	att patentera	[at patɛnˈtera]
planear (vt)	att planera	[at plˢaˈnera]

prémio (m)	bonus, premie (en)	[ˈbʊnus], [ˈpremiə]
profissional	professionell	[profeɦʊˈnɛlˢ]
procedimento (m)	procedur (en)	[prʊsəˈdʉːr]

examinar (a questão)	att undersöka	[at ˈundəˌsøːka]
cálculo (m)	beräkning (en)	[beˈrɛknɪŋ]
reputação (f)	rykte (ett)	[ˈrʏktə]
risco (m)	risk (en)	[ˈrisk]
dirigir (~ uma empresa)	att styra, att leda	[at ˈstyra], [at ˈlˢeda]

informação (f)	upplysningar (pl)	['ʊpˌlysniŋar]
propriedade (f)	egendom (en)	['ɛgənˌdʊm]
união (f)	förbund (ett)	['førˌbund]

seguro (m) de vida	livförsäkring (en)	['livfœ:'sɛkriŋ]
fazer um seguro	att försäkra	[at fœ:'sɛkra]
seguro (m)	försäkring (en)	[fœ:'sɛkriŋ]

leilão (m)	auktion (en)	[auk'ʂʊn]
notificar (vt)	att underrätta	[at 'undəˌræta]
gestão (f)	ledning (en)	['lʲedniŋ]
serviço (indústria de ~s)	tjänst (en)	['ɕɛnst]

fórum (m)	forum (ett)	['fʊrum]
funcionar (vi)	att fungera	[at fun'gera]
estágio (m)	etapp (en)	[ɛ'tap]
jurídico	juridisk	[jʉ'ridisk]
jurista (m)	jurist (en)	[jʉ'rist]

72. Produção. Trabalhos

usina (f)	verk (ett)	['vɛrk]
fábrica (f)	fabrik (en)	[fab'rik]
oficina (f)	verkstad (en)	['vɛrkˌstad]
local (m) de produção	produktionsplats (en)	[prɔduk'ʂʊnˌplʲats]

indústria (f)	industri (en)	[indu'stri:]
industrial	industriell	[industri'ɛlʲ]
indústria (f) pesada	tung industri (en)	['tuŋ indu'stri:]
indústria (f) ligeira	lätt industri (en)	[lʲæt indu'stri:]

produção (f)	produktion (en)	[prɔduk'ʂʊn]
produzir (vt)	att producera	[at prɔdʉ'sera]
matérias-primas (f pl)	råvaror (pl)	['ro:ˌvarʊr]

chefe (m) de brigada	förman, bas (en)	['førman], ['bas]
brigada (f)	arbetslag (en)	['arbetsˌlag]
operário (m)	arbetare (en)	['arˌbetarə]

dia (m) de trabalho	arbetsdag (en)	['arbetsˌdag]
pausa (f)	vilopaus (en)	['vilʲɔˌpaʊs]
reunião (f)	möte (ett)	['mø:tə]
discutir (vt)	att dryfta, att diskutera	[at 'dryfta], [at diskʉ'tera]

plano (m)	plan (en)	['plʲan]
cumprir o plano	att uppfylla planen	[at 'upˌfylʲa 'planən]
taxa (f) de produção	produktionsmål (ett)	[prɔduk'ʂʊnˌmo:lʲ]
qualidade (f)	kvalité (en)	[kvali'te:]
controlo (m)	kontroll (en)	[kɔn'trɔlʲ]
controlo (m) da qualidade	kvalitetskontroll (en)	[kvali'tets kɔn'trɔlʲ]

segurança (f) no trabalho	arbetarskydd (ett)	['arbeta:ˌʂyd]
disciplina (f)	disciplin (en)	[disip'lin]
infração (f)	brott (ett)	['brɔt]

violar (as regras)	att bryta	[at 'bryta]
greve (f)	strejk (en)	['strɛjk]
grevista (m)	strejkande (en)	['strɛjkandə]
estar em greve	att strejka	[at 'strɛjka]
sindicato (m)	fackförening (en)	['fakfø‚reniŋ]
inventar (vt)	att uppfinna	[at 'up‚fina]
invenção (f)	uppfinning (en)	['up‚finiŋ]
pesquisa (f)	forskning (en)	['fɔːʂkniŋ]
melhorar (vt)	att förbättra	[at før'bætra]
tecnologia (f)	teknologi (en)	[teknɔlʲɔ'giː]
desenho (m) técnico	teknisk ritning (en)	['tɛknisk 'ritniŋ]
carga (f)	last (en)	['lʲast]
carregador (m)	lastare (en)	['lʲastarə]
carregar (vt)	att lasta	[at 'lʲasta]
carregamento (m)	lastning (en)	['lʲastniŋ]
descarregar (vt)	att lasta av	[at 'lʲasta av]
descarga (f)	avlastning (en)	['av‚lʲastniŋ]
transporte (m)	transport (en)	[trans'pɔːt]
companhia (f) de transporte	transportföretag (ett)	[trans'pɔːt‚førə'tag]
transportar (vt)	att transportera	[at transpɔː'tera]
vagão (m) de carga	godsvagn (en)	['gʊds‚vagn]
cisterna (f)	tank (en)	['taŋk]
camião (m)	lastbil (en)	['lʲast‚bilʲ]
máquina-ferramenta (f)	verktygsmaskin (en)	['vɛrk‚tygs ma'ɲiːn]
mecanismo (m)	mekanism (en)	[meka'nism]
resíduos (m pl) industriais	industriellt avfall (ett)	[industri'ɛlʲt 'avfalʲ]
embalagem (f)	packning (en)	['pakniŋ]
embalar (vt)	att packa	[at 'paka]

73. Contrato. Acordo

contrato (m)	kontrakt (ett)	[kɔn'trakt]
acordo (m)	avtal (ett)	['avtalʲ]
adenda (f), anexo (m)	tillägg (ett), bilaga (en)	['til‚lʲɛːg], ['bi‚lʲaga]
assinar o contrato	att ingå avtal	[at 'ingoː 'avtalʲ]
assinatura (f)	signatur, underskrift (en)	[signa'tʉːr], ['undə‚ʂkrift]
assinar (vt)	att underteckna	[at 'undə‚tɛkna]
carimbo (m)	stämpel (en)	['stɛmpəlʲ]
objeto (m) do contrato	kontraktets föremål (ett)	[kɔn'traktets 'førə‚moːlʲ]
cláusula (f)	klausul (en)	[klau'sʉl]
partes (f pl)	parter (pl)	['paːʈər]
morada (f) jurídica	juridisk adress (en)	[jʉ'ridisk a'drɛs]
violar o contrato	att bryta kontraktet	[at 'bryta kɔn'traktet]
obrigação (f)	förpliktelse (en)	[før'pliktəlʲsə]
responsabilidade (f)	ansvar (ett)	['an‚svar]

força (f) maior	force majeure (en)	[ˌfɔrs maˈʒøːr]
litígio (m), disputa (f)	tvist (en)	[ˈtvist]
multas (f pl)	straffavgifter (pl)	[ˈstrafˌavˈjiftər]

74. Importação & Exportação

importação (f)	import (en)	[imˈpɔːt]
importador (m)	importör (en)	[impɔːˈtøːr]
importar (vt)	att importera	[at impɔːˈtera]
de importação	import-	[imˈpɔːt-]

exportação (f)	export (en)	[ˈɛkspɔːt]
exportador (m)	exportör (en)	[ɛkspɔːˈtøːr]
exportar (vt)	att exportera	[at ɛkspɔːˈtera]
de exportação	export-	[ˈɛkspɔːt-]

| mercadoria (f) | vara (en) | [ˈvara] |
| lote (de mercadorias) | parti (ett) | [paːˈtiː] |

peso (m)	vikt (en)	[ˈvikt]
volume (m)	volym (en)	[vɔˈlʲym]
metro (m) cúbico	kubikmeter (en)	[kʉˈbikˌmetər]

produtor (m)	producent (en)	[prɔdʉˈsɛnt]
companhia (f) de transporte	transportföretag (ett)	[transˈpɔːtˌførəˈtag]
contentor (m)	container (en)	[kɔnˈtɛjnər]

fronteira (f)	gräns (en)	[ˈgrɛns]
alfândega (f)	tull (en)	[ˈtulʲ]
taxa (f) alfandegária	tullavgift (en)	[ˈtulʲˌavˈjift]
funcionário (m) da alfândega	tulltjänsteman (en)	[ˈtulʲ ˈɕɛnstəˌman]
contrabando (atividade)	smuggling (en)	[ˈsmugliŋ]
contrabando (produtos)	smuggelgods (ett)	[ˈsmugəlʲˌgʊds]

75. Finanças

ação (f)	aktie (en)	[ˈaktsiə]
obrigação (f)	obligation (en)	[ɔbligaˈʄun]
nota (f) promissória	växel (en)	[ˈvɛksəlʲ]

| bolsa (f) | börs (en) | [ˈbøːʂ] |
| cotação (m) das ações | aktiekurs (en) | [ˈaktsiəˌkuːʂ] |

| tornar-se mais barato | att gå ner | [at ˈgoː ˌner] |
| tornar-se mais caro | att gå upp | [at ˈgoː ˈup] |

parte (f)	andel (en)	[ˈanˌdel]
participação (f) maioritária	aktiemajoritet (en)	[ˈaktsiə majʉriˈtet]
investimento (m)	investering (en)	[invɛˈsteriŋ]
investir (vt)	att investera	[at invɛˈstera]
percentagem (f)	procent (en)	[prʉˈsɛnt]
juros (m pl)	ränta (en)	[ˈrɛnta]

lucro (m)	vinst, förtjänst (en)	['vinst], [fœ:'ɢɛ:nst]
lucrativo	fördelaktig	[føːdəlʲ'aktig]
imposto (m)	skatt (en)	['skat]
divisa (f)	valuta (en)	[va'lʉːta]
nacional	nationell	[natʄʊ'nɛlʲ]
câmbio (m)	växling (en)	['vɛksliŋ]
contabilista (m)	bokförare (en)	['bʊkˌføːrarə]
contabilidade (f)	bokföring (en)	['bʊkˌføːriŋ]
bancarrota (f)	konkurs (en)	[kɔŋ'kuːʂ]
falência (f)	krasch (en)	['kraʃ]
ruína (f)	ruin (en)	[rʉ'in]
arruinar-se (vr)	att ruinera sig	[at rʉi'nera sɛj]
inflação (f)	inflation (en)	[inflʲa'ʄʊn]
desvalorização (f)	devalvering (en)	[devalʲ'veriŋ]
capital (m)	kapital (ett)	[kapi'talʲ]
rendimento (m)	inkomst (en)	['iŋˌkɔmst]
volume (m) de negócios	omsättning (en)	['ɔmˌsætniŋ]
recursos (m pl)	resurser (pl)	[re'suːʂər]
recursos (m pl) financeiros	penningmedel (pl)	['pɛniŋˌmedəlʲ]
despesas (f pl) gerais	fasta utgifter (pl)	['fasta 'ʉtˌjiftər]
reduzir (vt)	att reducera	[at redʉ'sera]

76. Marketing

marketing (m)	marknadsföring (en)	['marknadsˌføːriŋ]
mercado (m)	marknad (en)	['marknad]
segmento (m) do mercado	marknadsegment (ett)	['marknad seg'mɛnt]
produto (m)	produkt (en)	[prɔ'dʊkt]
mercadoria (f)	vara (en)	['vara]
marca (f)	varumärke (ett)	['varʉˌmæːrkə]
marca (f) comercial	varumärke (ett)	['varʉˌmæːrkə]
logotipo (m)	firmamärke (ett)	['firmaˌmæːrkə]
logo (m)	logotyp (en)	['lʲɔgotyp]
demanda (f)	efterfrågan (en)	['ɛftəˌfroːgan]
oferta (f)	utbud (ett)	['ʉtˌbʉd]
necessidade (f)	behov (ett)	[be'hʊv]
consumidor (m)	konsument, förbrukare (en)	[kɔnsu'mɛnt], [før'brʉːkarə]
análise (f)	analys (en)	[ana'lʲys]
analisar (vt)	att analysera	[at analʲy'sera]
posicionamento (m)	positionering (en)	[pʊsiʄʊ'neriŋ]
posicionar (vt)	att positionera	[at pɔsiʄʊ'nera]
preço (m)	pris (ett)	['pris]
política (f) de preços	prispolitik (en)	['pris pʊli'tik]
formação (f) de preços	prisbildning (en)	['prisˌbilʲdniŋ]

77. Publicidade

publicidade (f)	reklam (en)	[rɛ'klʲam]
publicitar (vt)	att reklamera	[at rɛklʲa'mera]
orçamento (m)	budget (en)	['budjet]

anúncio (m) publicitário	annons (en)	[a'nɔns]
publicidade (f) televisiva	tv-reklam (ett)	['teve rɛ'klʲam]
publicidade (f) na rádio	radioreklam (en)	['radiʉ rɛ'klʲam]
publicidade (f) exterior	utomhusreklam (en)	['ʉtɔm‚hʉs rɛ'klʲam]

comunicação (f) de massa	massmedier (pl)	['mas‚mediər]
periódico (m)	tidskrift (en)	['tid‚skrift]
imagem (f)	image (en)	['imidʒ]

slogan (m)	slogan (en)	['slʲɔgan]
mote (m), divisa (f)	motto (ett)	['mɔtʉ]

campanha (f)	kampanj (en)	[kam'panʲ]
companha (f) publicitária	reklamkampanj (en)	[rɛ'klʲam kam'panʲ]
grupo (m) alvo	målgrupp (en)	['mo:lʲ‚grup]

cartão (m) de visita	visitkort (ett)	[vi'sit‚kɔ:t]
flyer (m)	reklamblad (ett)	[rɛ'klʲam‚blʲad]
brochura (f)	broschyr (en)	[brɔ'ɧyr]
folheto (m)	folder (en)	['fɔldə]
boletim (~ informativo)	nyhetsbrev (ett)	['nyhets‚brev]

letreiro (m)	skylt (en)	['ɧylʲt]
cartaz, póster (m)	poster, löpsedel (en)	['pɔstər], ['løp‚sedəlʲ]
painel (m) publicitário	reklamskylt (en)	[rɛ'klʲam‚ɧylʲt]

78. Banca

banco (m)	bank (en)	['baŋk]
sucursal, balcão (f)	avdelning (en)	[av'dɛlʲniŋ]

consultor (m)	konsulent (en)	[kɔnsu'lʲɛnt]
gerente (m)	föreståndare (en)	[førə'stɔndarə]

conta (f)	bankkonto (ett)	['baŋk‚kɔntʉ]
número (m) da conta	kontonummer (ett)	['kɔntʉ‚numər]
conta (f) corrente	checkkonto (ett)	['ɕɛk‚kɔntʉ]
conta (f) poupança	sparkonto (ett)	['spar‚kɔntʉ]

abrir uma conta	att öppna ett konto	[at 'øpna ɛt 'kɔntʉ]
fechar uma conta	att avsluta kontot	[at 'av‚slʉ:ta 'kɔntʊt]
depositar na conta	att sätta in på kontot	[at 'sæta in pɔ 'kɔntʊt]
levantar (vt)	att ta ut från kontot	[at ta ʉt frɔn 'kɔntʊt]

depósito (m)	insats (en)	['in‚sats]
fazer um depósito	att sätta in	[at 'sæta in]
transferência (f) bancária	överföring (en)	['ø:vəˌfø:riŋ]

transferir (vt)	att överföra	[at ø:vəˌføra]
soma (f)	summa (en)	['suma]
Quanto?	Hur mycket?	[hʉr 'mykə]
assinatura (f)	signatur, underskrift (en)	[signa'tʉ:r], ['undəˌskrift]
assinar (vt)	att underteckna	[at 'undəˌtɛkna]
cartão (m) de crédito	kreditkort (ett)	[kre'ditˌkɔ:t]
código (m)	kod (en)	['kɔd]
número (m) do cartão de crédito	kreditkortsnummer (ett)	[kre'ditˌkɔ:ts 'numər]
Caixa Multibanco (m)	bankomat (en)	[baŋkʉ'mat]
cheque (m)	check (en)	['ɕɛk]
passar um cheque	att skriva en check	[at 'skriva en 'ɕɛk]
livro (m) de cheques	checkbok (en)	['ɕɛkˌbʉk]
empréstimo (m)	lån (ett)	['lʲo:n]
pedir um empréstimo	att ansöka om lån	[at 'anˌsø:ka ɔm 'lʲo:n]
obter um empréstimo	att få ett lån	[at fo: et 'lʲo:n]
conceder um empréstimo	att ge ett lån	[at je: et 'lʲo:n]
garantia (f)	garanti (en)	[garan'ti:]

79. Telefone. Conversação telefónica

telefone (m)	telefon (en)	[telʲe'fɔn]
telemóvel (m)	mobiltelefon (en)	[mɔ'bilʲ telʲe'fɔn]
secretária (f) electrónica	telefonsvarare (en)	[telʲe'fɔnˌsvararə]
fazer uma chamada	att ringa	[at 'riŋa]
chamada (f)	telefonsamtal (en)	[telʲe'fɔnˌsamtalʲ]
marcar um número	att slå nummer	[at 'slʲo: 'numər]
Alô!	Hallå!	[ha'lʲo:]
perguntar (vt)	att fråga	[at 'fro:ga]
responder (vt)	att svara	[at 'svara]
ouvir (vt)	att höra	[at 'hø:ra]
bem	gott, bra	['gɔt], ['bra]
mal	dåligt	['dɔ:lit]
ruído (m)	bruser, störningar (pl)	['brʉ:sər], ['stø:niŋar]
auscultador (m)	telefonlur (en)	[telʲe'fɔnˌlʉ:r]
pegar o telefone	att lyfta telefonluren	[at 'lʲyfta telʲe'fɔn 'lʉ:rən]
desligar (vi)	att lägga på	[at 'lʲɛga pɔ]
ocupado	upptagen	['upˌtagən]
tocar (vi)	att ringa	[at 'riŋa]
lista (f) telefónica	telefonkatalog (en)	[telʲe'fɔn kata'lʲɔg]
local	lokal-	[lʲɔ'kalʲ-]
chamada (f) local	lokalsamtal (ett)	[lʲɔ'kalʲˌsamtalʲ]
de longa distância	riks-	['riks-]
chamada (f) de longa distância	rikssamtal (ett)	['riksˌsamtalʲ]

internacional	internationell	['intɛ:ɲatɧʊˌnɛlʲ]
chamada (f) internacional	internationell samtal (ett)	['intɛ:ɲatɧʊˌnɛlʲ 'samtalʲ]

80. Telefone móvel

telemóvel (m)	mobiltelefon (en)	[mɔ'bilʲ telʲe'fɔn]
ecrã (m)	skärm (en)	['ɧæ:rm]
botão (m)	knapp (en)	['knap]
cartão SIM (m)	SIM-kort (ett)	['simˌkɔ:t]
bateria (f)	batteri (ett)	[batɛ'ri:]
descarregar-se	att bli urladdad	[at bli 'ʉ:ˌlʲadad]
carregador (m)	laddare (en)	['lʲadarə]
menu (m)	meny (en)	[me'ny]
definições (f pl)	inställningar (pl)	['inˌstɛlʲniŋar]
melodia (f)	melodi (en)	[melʲoˈdi:]
escolher (vt)	att välja	[at 'vɛlja]
calculadora (f)	kalkylator (en)	[kalʲky'lʲatʊr]
correio (m) de voz	telefonsvarare (en)	[telʲe'fɔnˌsvararə]
despertador (m)	väckarklocka, alarm (en)	['vɛkarˌklʲɔka], [a'lʲarm]
contatos (m pl)	kontakter (pl)	[kɔn'taktər]
mensagem (f) de texto	SMS meddelande (ett)	[ɛsɛ'mɛs me'delʲandə]
assinante (m)	abonnent (en)	[abɔ'nɛnt]

81. Estacionário

caneta (f)	kulspetspenna (en)	['kʉlʲspetsˌpɛna]
caneta (f) tinteiro	reservoarpenna (en)	[resɛrvʊ'arˌpɛna]
lápis (m)	blyertspenna (en)	['blʲyɛ:ʈsˌpɛna]
marcador (m)	märkpenna (en)	['mœrkˌpɛna]
caneta (f) de feltro	tuschpenna (en)	['tu:ʃˌpɛna]
bloco (m) de notas	block (ett)	['blʲɔk]
agenda (f)	dagbok (en)	['dagˌbʊk]
régua (f)	linjal (en)	[li'njalʲ]
calculadora (f)	kalkylator (en)	[kalʲky'lʲatʊr]
borracha (f)	suddgummi (ett)	['sudˌgumi]
pionés (m)	häftstift (ett)	['hɛftˌstift]
clipe (m)	gem (ett)	['gem]
cola (f)	lim (ett)	['lim]
agrafador (m)	häftapparat (en)	['hɛft apaˌrat]
furador (m)	hålslag (ett)	['ho:lʲˌslʲag]
afia-lápis (m)	pennvässare (en)	['pɛnˌvɛsarə]

82. Tipos de negócios

serviços (m pl) de contabilidade	bokföringstjänster (en)	['bʊkˌføːriŋ 'ɕɛnstər]
publicidade (f)	reklam (en)	[rɛ'klʲam]
agência (f) de publicidade	reklambyrå (en)	[rɛ'klʲambyˌroː]
ar (m) condicionado	luftkonditionering (en)	['lʊftˌkɔndiɦʊ'neriŋ]
companhia (f) aérea	flygbolag (ett)	['flʲyɡˌbʊlʲaɡ]
bebidas (f pl) alcoólicas	alkoholhaltiga drycker (pl)	[alʲkʊ'hɔlʲˌhalʲtiɡa 'drʏkər]
comércio (m) de antiguidades	antikviteter (pl)	[antikvi'tetər]
galeria (f) de arte	konstgalleri (ett)	['kɔnst ɡalʲe'riː]
serviços (m pl) de auditoria	revisiontjänster (pl)	[revi'ɦʊnˌɕɛnstər]
negócios (m pl) bancários	bankaffärer (pl)	['baŋk a'fæːrər]
bar (m)	bar (en)	['bar]
salão (m) de beleza	skönhetssalong (en)	['ɧøːnhets sa'lʲɔŋ]
livraria (f)	bokhandel (en)	['bʊkˌhandəlʲ]
cervejaria (f)	bryggeri (ett)	[brʏɡe'riː]
centro (m) de escritórios	affärscentrum (ett)	[a'fæːʂˌsɛntrum]
escola (f) de negócios	affärsskola (en)	[a'fæːʂˌskʊlʲa]
casino (m)	kasino (ett)	[ka'sinʊ]
construção (f)	byggbranch (en)	['bʏɡbranɕ]
serviços (m pl) de consultoria	konsulttjänster (pl)	[kɔn'sʊlʲtˌɕɛnstər]
estomatologia (f)	tandklinik (en)	['tand kli'nik]
design (m)	design (en)	[de'sajn]
farmácia (f)	apotek (ett)	[apʊ'tek]
lavandaria (f)	kemtvätt (en)	['ɕemtvæt]
agência (f) de emprego	arbetsförmedling (en)	['arbetsˌføːr'medliŋ]
serviços (m pl) financeiros	finansiella tjänster (pl)	[finan'sjɛlʲa 'ɕɛnstər]
alimentos (m pl)	matvaror (pl)	['matˌvarʊr]
agência (f) funerária	begravningsbyrå (en)	[be'ɡravniŋsˌbyroː]
mobiliário (m)	möbel (en)	['møːbəlʲ]
roupa (f)	kläder (pl)	['klʲɛːdər]
hotel (m)	hotell (ett)	[hʊ'tɛlʲ]
gelado (m)	glass (en)	['ɡlʲas]
indústria (f)	industri (en)	[indu'striː]
seguro (m)	försäkring (en)	[fœː'ʂɛkriŋ]
internet (f)	Internet	['intɛːˌɳɛt]
investimento (m)	investering (en)	[invə'steriŋ]
joalheiro (m)	juvelerare (en)	[jʉve'lʲeːrarə]
joias (f pl)	smycken (pl)	['smʏkən]
lavandaria (f)	tvätteri (ett)	[tvæte'riː]
serviços (m pl) jurídicos	juridisk rådgivare (pl)	[jʉ'ridisk 'roːdˌjivarə]
indústria (f) ligeira	lätt industri (en)	[lʲæt indu'striː]
revista (f)	tidskrift (en)	['tidˌskrift]
vendas (f pl) por catálogo	postorderförsäljning (en)	['pɔstˌɔːdər fœː'ʂɛljniŋ]
medicina (f)	medicin (en)	[medi'sin]
cinema (m)	biograf (en)	[biʊ'ɡraf]

museu (m)	museum (ett)	[mʉ'seum]
agência (f) de notícias	nyhetsbyrå (en)	['nyhets by'ro:]
jornal (m)	tidning (en)	['tidniŋ]
clube (m) noturno	nattklubb (en)	['nat̩klʉb]
petróleo (m)	olja (en)	['ɔlja]
serviço (m) de encomendas	budtjänst (en)	['bʉːt̩ɕɛnst]
indústria (f) farmacêutica	farmaci (en)	[farma'siː]
poligrafia (f)	tryckeri (ett)	[trʏke'riː]
editora (f)	förlag (ett)	[fœː'lʲag]
rádio (m)	radio (en)	['radiʉ]
imobiliário (m)	fastighet (en)	['fastig̩het]
restaurante (m)	restaurang (en)	[rɛstɔ'raŋ]
empresa (f) de segurança	säkerhetsbyrå (en)	['sɛːkərhets̩by'roː]
desporto (m)	sport (en)	['spɔːt]
bolsa (f)	börs (en)	['bøːʂ]
loja (f)	affär, butik (en)	[a'fæːr], [bu'tik]
supermercado (m)	snabbköp (ett)	['snab̩ɕøːp]
piscina (f)	simbassäng (en)	['simba̩sɛŋ]
alfaiataria (f)	skrädderi (ett)	[skrɛde'riː]
televisão (f)	television (en)	[telʲevi'ɧʊn]
teatro (m)	teater (en)	[te'atər]
comércio (atividade)	handel (en)	['handəlʲ]
serviços (m pl) de transporte	transport (en)	[trans'pɔːt]
viagens (f pl)	turism (en)	[tu'rism]
veterinário (m)	veterinär (en)	[vetəri'næːr]
armazém (m)	lager (en)	['lʲagər]
recolha (f) do lixo	avfallshantering (en)	['avfalʲs̩hanteriŋ]

Emprego. Negócios. Parte 2

83. Espetáculo. Feira

feira (f)	mässa (en)	['mɛsa]
feira (f) comercial	handelsmässa (en)	['handelʲsˌmɛsa]
participação (f)	deltagande (ett)	['delʲˌtagande]
participar (vi)	att delta	[at 'dɛlʲta]
participante (m)	deltagare (en)	['delʲˌtagare]
diretor (m)	direktör (en)	[dirɛk'tøːr]
direção (f)	arrangörskontor (ett)	[aran'ɧør kɔn'tʊr]
organizador (m)	arrangör (en)	[aran'jøːr]
organizar (vt)	att organisera	[at ɔrgani'sera]
ficha (f) de inscrição	deltagarformulär (ett)	['delʲtagarˌformu'lʲæːr]
preencher (vt)	att fylla i	[at 'fylʲa 'i]
detalhes (m pl)	detaljer (pl)	[de'taljer]
informação (f)	information (en)	[informa'ɧʊn]
preço (m)	pris (ett)	['pris]
incluindo	inklusive	['iŋklʉˌsive]
incluir (vt)	att inkludera	[at iŋklʉ'dera]
pagar (vt)	att betala	[at be'talʲa]
taxa (f) de inscrição	registreringsavgift (en)	[reji'streriŋs 'avˌjift]
entrada (f)	ingång (en)	['inˌgɔŋ]
pavilhão (m)	paviljong (en)	[pavi'ljɔŋ]
inscrever (vt)	att registrera	[at regi'strera]
crachá (m)	bricka (en)	['brika]
stand (m)	monter (en)	['mɔnter]
reservar (vt)	att reservera	[at rɛsɛr'vera]
vitrina (f)	glasmonter (en)	['glʲasˌmɔnter]
foco, spot (m)	spotlight (en)	['spotˌlajt]
design (m)	design (en)	[de'sajn]
pôr, colocar (vt)	att placera	[at plʲa'sera]
ser colocado, -a	att bli placerat	[at bli plʲa'serat]
distribuidor (m)	distributör (en)	[distribʉ'tøːr]
fornecedor (m)	leverantör (en)	[lʲeveran'tøːr]
fornecer (vt)	att förse, att leverera	[at fœːˈʂe], [at lʲeve'rera]
país (m)	land (ett)	['lʲand]
estrangeiro	utländsk	['ʉtˌlʲɛŋsk]
produto (m)	produkt (en)	[prɔ'dukt]
associação (f)	förening (en)	[fø'reniŋ]
sala (f) de conferências	konferenssal (en)	[kɔnfe'ræsˌsalʲ]

congresso (m)	kongress (en)	[kɔŋ'grɛs]
concurso (m)	tävling (en)	['tɛvlʲiŋ]
visitante (m)	besökare (en)	[be'sø:karə]
visitar (vt)	att besöka	[at be'sø:ka]
cliente (m)	kund, beställare (en)	['kund], [be'stɛlʲarə]

84. Ciência. Investigação. Cientistas

ciência (f)	vetenskap (en)	['vetən‚skap]
científico	vetenskaplig	['vetən‚skaplig]
cientista (m)	vetenskapsman (en)	['vetənskaps‚man]
teoria (f)	teori (en)	[teʉ'ri:]
axioma (m)	axiom (ett)	[aksi'ɔm]
análise (f)	analys (en)	[ana'lʲys]
analisar (vt)	att analysera	[at analʲy'sera]
argumento (m)	argument (ett)	[argʉ'mɛnt]
substância (f)	stoff (ett), substans (en)	['stɔf], ['sʉbstans]
hipótese (f)	hypotes (en)	[hypɔ'tɛs]
dilema (m)	dilemma (ett)	['dilʲema]
tese (f)	avhandling (en)	['av‚handliŋ]
dogma (m)	dogm (en)	['dɔgm]
doutrina (f)	doktrin (en)	[dɔk'trin]
pesquisa (f)	forskning (en)	['fɔ:ʂkniŋ]
pesquisar (vt)	att forska	[at 'fɔ:ʂka]
teste (m)	test (ett)	['tɛst]
laboratório (m)	laboratorium (ett)	[lʲabɔra'tɔrium]
método (m)	metod (en)	[me'tɔd]
molécula (f)	molekyl (en)	[mɔlʲe'kylʲ]
monitoramento (m)	övervakning (en)	['ø:ve‚vakniŋ]
descoberta (f)	upptäckt (en)	['up‚tɛkt]
postulado (m)	postulat (ett)	[pɔstʉ'lʲat]
princípio (m)	princip (en)	[prin'sip]
prognóstico (previsão)	prognos (en)	[prɔ'gnɔs]
prognosticar (vt)	att prognostisera	[at prɔŋɔsti'sera]
síntese (f)	syntes (en)	[syn'tes]
tendência (f)	tendens (en)	[tɛn'dɛns]
teorema (m)	teorém (ett)	[teʉ're:m]
ensinamentos (m pl)	läran (pl)	['lʲæ:ran]
facto (m)	faktum (ett)	['faktum]
expedição (f)	expedition (en)	[ɛkspedi'ɧʉn]
experiência (f)	experiment (ett)	[ɛksperi'mɛnt]
académico (m)	akademiker (en)	[aka'demikər]
bacharel (m)	bachelor (en)	[baɕelor]
doutor (m)	doktor (en)	['dɔktʉr]
docente (m)	docent (en)	[dɔ'sɛnt]

mestre (m)	**magister (en)**	[ma'jistər]
professor (m) catedrático	**professor (en)**	[prɔ'fɛsur]

Profissões e ocupações

85. Procura de emprego. Demissão

trabalho (m)	arbete, jobb (ett)	['arbetə], ['jɔb]
equipa (f)	personal, stab (en)	[pɛʂʉ'nalʲ], ['stab]
pessoal (m)	personal (en)	[pɛʂʉ'nalʲ]
carreira (f)	karriär (en)	[kari'æ:r]
perspetivas (f pl)	utsikter (pl)	['ʉt̪siktər]
mestria (f)	mästerskap (ett)	['mɛstə̪skap]
seleção (f)	urval (ett)	['ʉ:r̪valʲ]
agência (f) de emprego	arbetsförmedling (en)	['arbets̪før'medliŋ]
CV, currículo (m)	meritförteckning (en)	[me'rit̪fœː'tɛkniŋ]
entrevista (f) de emprego	jobbsamtal (ett)	['jɔb̪samtalʲ]
vaga (f)	vakans (en)	['vakans]
salário (m)	lön (en)	['lʲø:n]
salário (m) fixo	fast lön (en)	['fast ̪lʲø:n]
pagamento (m)	betalning (en)	[be'talʲniŋ]
posto (m)	ställning (en)	['stɛlʲniŋ]
dever (do empregado)	plikt (en)	['plikt]
gama (f) de deveres	arbetsplikter (pl)	['arbets̪pliktər]
ocupado	upptagen	['up̪tagən]
despedir, demitir (vt)	att avskeda	[at 'av̪ɧeda]
demissão (f)	avsked (ett)	['avɧed]
desemprego (m)	arbetslöshet (en)	['arbets̪lʲø:shet]
desempregado (m)	arbetslös (en)	['arbets̪lʲø:s]
reforma (f)	pension (en)	[pan'ɧʉn]
reformar-se	att gå i pension	[at 'go: i pan'ɧʉn]

86. Gente de negócios

diretor (m)	direktör (en)	[dirɛk'tø:r]
gerente (m)	föreståndare (en)	[førə'stɔndarə]
patrão, chefe (m)	boss (en)	['bɔs]
superior (m)	överordnad (en)	['ø:vər̪ɔ:d̪nat]
superiores (m pl)	överordnade (pl)	['ø:vər̪ɔ:d̪nadə]
presidente (m)	president (en)	[prɛsi'dɛnt]
presidente (m) de direção	ordförande (en)	['ʊ:d̪førandə]
substituto (m)	ställföreträdare (en)	['stɛlʲ̪fœre'trɛ:darə]
assistente (m)	assistent (en)	[asi'stɛnt]

secretário (m)	sekreterare (en)	[sɛkrə'terarə]
secretário (m) pessoal	privatsekreterare (en)	[pri'vat sɛkrə'terarə]
homem (m) de negócios	affärsman (en)	[a'fæːʂˌman]
empresário (m)	entreprenör (en)	[æntepre'nøːr]
fundador (m)	grundläggare (en)	['grʉndˌlʲɛgarə]
fundar (vt)	att grunda	[at 'grʉnda]
fundador, sócio (m)	stiftare (en)	['stiftarə]
parceiro, sócio (m)	partner (en)	['paːʈnər]
acionista (m)	aktieägare (en)	['akʦiəˌɛːgarə]
milionário (m)	miljonär (en)	[miljʉ'næːr]
bilionário (m)	miljardär (en)	[miljaː'ɖæːr]
proprietário (m)	ägare (en)	['ɛːgarə]
proprietário (m) de terras	jordägare (en)	['jʉːɖˌɛːgarə]
cliente (m)	kund (en)	['kund]
cliente (m) habitual	stamkund (en)	['stamˌkund]
comprador (m)	köpare (en)	['ɕøːparə]
visitante (m)	besökare (en)	[be'søːkarə]
profissional (m)	yrkesman (en)	['yrkəsˌman]
perito (m)	expert (en)	[ɛks'pɛːʈ]
especialista (m)	specialist (en)	[spesia'list]
banqueiro (m)	bankir (en)	[baŋ'kir]
corretor (m)	mäklare (en)	['mɛklʲarə]
caixa (m, f)	kassör (en)	[ka'søːr]
contabilista (m)	bokförare (en)	['bukˌføːrarə]
guarda (m)	säkerhetsvakt (en)	['sɛːkərhetsˌvakt]
investidor (m)	investerare (en)	[invɛ'sterarə]
devedor (m)	gäldenär (en)	[jɛlʲdɛ'næːr]
credor (m)	kreditor (en)	[kre'ditʊr]
mutuário (m)	låntagare (en)	['lʲoːnˌtagarə]
importador (m)	importör (en)	[impɔ:'ʈøːr]
exportador (m)	exportör (en)	[ɛkspɔ:'ʈøːr]
produtor (m)	producent (en)	[prɔdʉ'sɛnt]
distribuidor (m)	distributör (en)	[distribʉ'tøːr]
intermediário (m)	mellanhand (en)	['mɛlʲanˌhand]
consultor (m)	konsulent (en)	[kɔnsu'lʲɛnt]
representante (m)	representant (en)	[represən'tant]
agente (m)	agent (en)	[a'gɛnt]
agente (m) de seguros	försäkringsagent (en)	[fœː'ʂɛkriŋs a'gɛnt]

87. Profissões de serviços

cozinheiro (m)	kock (en)	['kɔk]
cozinheiro chefe (m)	kökschef (en)	['ɕœksˌɧef]

Portuguese	Swedish	Pronunciation
padeiro (m)	bagare (en)	['bagarə]
barman (m)	bartender (en)	['baːˌtɛndər]
empregado (m) de mesa	servitör (en)	[sɛrvi'tøːr]
empregada (f) de mesa	servitris (en)	[sɛrvi'tris]
advogado (m)	advokat (en)	[advʉ'kat]
jurista (m)	jurist (en)	[jʉ'rist]
notário (m)	notarius publicus (en)	[nʉ'tariʉs 'publikʉs]
eletricista (m)	elektriker (en)	[ɛ'lʲektrikər]
canalizador (m)	rörmokare (en)	['røːrˌmɔkarə]
carpinteiro (m)	timmerman (en)	['timərˌman]
massagista (m)	massör (en)	[ma'søːr]
massagista (f)	massös (en)	[ma'søːs]
médico (m)	läkare (en)	['lʲɛːkarə]
taxista (m)	taxichaufför (en)	['taksi ɧɔ'føːr]
condutor (automobilista)	chaufför (en)	[ɧɔ'føːr]
entregador (m)	bud (en)	['bʉːd]
camareira (f)	städerska (en)	['stɛːdɛʂka]
guarda (m)	säkerhetsvakt (en)	['sɛːkərhetsˌvakt]
hospedeira (f) de bordo	flygvärdinna (en)	['flʲygˌvæːd̢ina]
professor (m)	lärare (en)	['lʲæːrarə]
bibliotecário (m)	bibliotekarie (en)	[bibliʉte'kariə]
tradutor (m)	översättare (en)	['øːvəˌsætarə]
intérprete (m)	tolk (en)	['tɔlʲk]
guia (pessoa)	guide (en)	['gajd]
cabeleireiro (m)	frisör (en)	[fri'søːr]
carteiro (m)	brevbärare (en)	['brevˌbæːrarə]
vendedor (m)	försäljare (en)	[fœː'ʂɛljarə]
jardineiro (m)	trädgårdsmästare (en)	['trɛːgoːd̢s 'mɛstarə]
criado (m)	tjänare (en)	['ɕɛːnarə]
criada (f)	tjänarinna (en)	[ɕɛːna'rina]
empregada (f) de limpeza	städerska (en)	['stɛːdɛʂka]

88. Profissões militares e postos

Portuguese	Swedish	Pronunciation
soldado (m) raso	menig (en)	['menig]
sargento (m)	sergeant (en)	[sɛr'ɧant]
tenente (m)	löjtnant (en)	['lʲœjtˌnant]
capitão (m)	kapten (en)	[kap'ten]
major (m)	major (en)	[ma'jʉːr]
coronel (m)	överste (en)	['øːvəʂtə]
general (m)	general (en)	[jene'ralʲ]
marechal (m)	marskalk (en)	[maːˈʂalʲk]
almirante (m)	amiral (en)	[ami'ralʲ]
militar (m)	militär (en)	[mili'tæːr]
soldado (m)	soldat (en)	[sʉlʲ'dat]

oficial (m)	officer (en)	[ɔfi'seːr]
comandante (m)	befälhavare (en)	[be'fɛl ˌhavarə]
guarda (m) fronteiriço	gränsvakt (en)	['grɛnsˌvakt]
operador (m) de rádio	radiooperatör (en)	['radiʊ ɔpera'tør]
explorador (m)	spaningssoldat (en)	['spaniŋs sʊlʲ'dat]
sapador (m)	pionjär (en)	[piʊ'njæːr]
atirador (m)	skytt (en)	['ɧyt]
navegador (m)	styrman (en)	['styrˌman]

89. Oficiais. Padres

rei (m)	kung (en)	['kuŋ]
rainha (f)	drottning (en)	['drɔtniŋ]
príncipe (m)	prins (en)	['prins]
princesa (f)	prinsessa (en)	[prin'sɛsa]
czar (m)	tsar (en)	['tsar]
czarina (f)	tsarinna (en)	[tsa'rina]
presidente (m)	president (en)	[prɛsi'dɛnt]
ministro (m)	minister (en)	[mi'nistər]
primeiro-ministro (m)	statsminister (en)	['stats mi'nistər]
senador (m)	senator (en)	[se'natʊr]
diplomata (m)	diplomat (en)	[diplʲɔ'mat]
cônsul (m)	konsul (en)	['kɔnsulʲ]
embaixador (m)	ambassadör (en)	[ambasa'døːr]
conselheiro (m)	rådgivare (en)	['roːdˌjivarə]
funcionário (m)	tjänsteman (en)	['ɕɛnstəˌman]
prefeito (m)	prefekt (en)	[pre'fɛkt]
Presidente (m) da Câmara	borgmästare (en)	['bɔrjˌmɛstarə]
juiz (m)	domare (en)	['dʊmarə]
procurador (m)	åklagare (en)	[ɔː'klʲagarə]
missionário (m)	missionär (en)	[miɧʊ'næːr]
monge (m)	munk (en)	['muŋk]
abade (m)	abbé (en)	[a'beː]
rabino (m)	rabbin (en)	[ra'bin]
vizir (m)	vesir (en)	[ve'syr]
xá (m)	schah (en)	['ʃaː]
xeque (m)	schejk (en)	['ʃɛjk]

90. Profissões agrícolas

apicultor (m)	biodlare (en)	['biˌʊdlʲarə]
pastor (m)	herde (en)	['hɛːdə]
agrónomo (m)	agronom (en)	[agrʊ'nɔm]

criador (m) de gado	boskapsskötare (en)	['bʊskaps‚ɧøːtarə]
veterinário (m)	veterinär (en)	[veteri'næːr]

agricultor (m)	lantbrukare, bonde (en)	['lʲantˌbrʉːkarə], ['bʊndə]
vinicultor (m)	vinodlare (en)	['vinˌʊdlʲarə]
zoólogo (m)	zoolog (en)	[sʊo'lʲɔg]
cowboy (m)	cowboy (en)	['kaʊˌbɔj]

91. Profissões artísticas

ator (m)	skådespelare (en)	['skoːdəˌspelʲarə]
atriz (f)	skådespelerska (en)	['skoːdəˌspelʲeşka]

cantor (m)	sångare (en)	['sɔŋarə]
cantora (f)	sångerska (en)	['sɔŋɛşka]

bailarino (m)	dansör (en)	[dan'søːr]
bailarina (f)	dansös (en)	[dan'søːs]

artista (m)	skådespelare (en)	['skoːdəˌspelʲarə]
artista (f)	skådespelerska (en)	['skoːdəˌspelʲeşka]

músico (m)	musiker (en)	['mʉsikər]
pianista (m)	pianist (en)	[pia'nist]
guitarrista (m)	gitarrspelare (en)	[ji'tarˌspelʲarə]

maestro (m)	dirigent (en)	[diri'fɧɛnt]
compositor (m)	komponist (en)	[kɔmpo'nist]
empresário (m)	impressario (en)	[imprɛ'sariʊ]

realizador (m)	regissör (en)	[reɧi'søːr]
produtor (m)	producent (en)	[prɔdʉ'sɛnt]
argumentista (m)	manusförfattare (en)	['manusˌfør'fatarə]
crítico (m)	kritiker (en)	['kritikər]

escritor (m)	författare (en)	[før'fatarə]
poeta (m)	poet (en)	[pʊ'et]
escultor (m)	skulptör (en)	[skʉlʲp'tøːr]
pintor (m)	konstnär (en)	['kɔnstnæːr]

malabarista (m)	jonglör (en)	[jɔng'lʲøːr]
palhaço (m)	clown (en)	['klʲawn]
acrobata (m)	akrobat (en)	[akrʊ'bat]
mágico (m)	trollkonstnär (en)	['trɔlʲˌkɔnstnæːr]

92. Várias profissões

médico (m)	läkare (en)	['lʲɛːkarə]
enfermeira (f)	sjuksköterska (en)	['ɧʉːkˌɧøːtɛşka]
psiquiatra (m)	psykiater (en)	[syki'atər]
estomatologista (m)	tandläkare (en)	['tandˌlʲɛːkarə]
cirurgião (m)	kirurg (en)	[ɕi'rʉrg]

| astronauta (m) | astronaut (en) | [astrʊ'naʊt] |
| astrónomo (m) | astronom (en) | [astrʊ'nɔm] |

motorista (m)	förare (en)	['føːrarə]
maquinista (m)	lokförare (en)	['lʲʊk͡føːrarə]
mecânico (m)	mekaniker (en)	[me'kanikər]

mineiro (m)	gruvarbetare (en)	['gruːv͡ar'betarə]
operário (m)	arbetare (en)	['ar͡betarə]
serralheiro (m)	låssmed (en)	['lʲɔs͡smed]
marceneiro (m)	snickare (en)	['snikarə]
torneiro (m)	svarvare (en)	['svarvarə]
construtor (m)	byggarbetare (en)	['byɡ͡ar'betarə]
soldador (m)	svetsare (en)	['svɛtsarə]

professor (m) catedrático	professor (en)	[prɔ'fɛsʊr]
arquiteto (m)	arkitekt (en)	[arki'tɛkt]
historiador (m)	historiker (en)	[hi'stʊrikər]
cientista (m)	vetenskapsman (en)	['vetənskaps͡man]
físico (m)	fysiker (en)	['fysikər]
químico (m)	kemist (en)	[ɕe'mist]

arqueólogo (m)	arkeolog (en)	[͜arkeʊ'lʲɔɡ]
geólogo (m)	geolog (en)	[jeʊ'lʲɔɡ]
pesquisador (cientista)	forskare (en)	['fɔːʂkarə]

| babysitter (f) | barnflicka (en) | ['baːɳ͡flika] |
| professor (m) | pedagog (en) | [peda'ɡɔɡ] |

redator (m)	redaktör (en)	[redak'tøːr]
redator-chefe (m)	chefredaktör (en)	['ɧef͡redak'tøːr]
correspondente (m)	korrespondent (en)	[kɔrɛspɔn'dɛnt]
datilógrafa (f)	maskinskriverska (en)	[ma'ɧiːn 'skrivɛʂka]

designer (m)	designer (en)	[de'sajnər]
especialista (m) em informática	dataexpert (en)	['data ɛks'pɛːt]
programador (m)	programmerare (en)	[prɔɡra'merarə]
engenheiro (m)	ingenjör (en)	[inɧə'njøːr]

marujo (m)	sjöman (en)	['ɧøː͡man]
marinheiro (m)	matros (en)	[ma'trʊs]
salvador (m)	räddare (en)	['rɛdarə]

bombeiro (m)	brandman (en)	['brand͡man]
polícia (m)	polis (en)	[pʊ'lis]
guarda-noturno (m)	nattvakt, väktare (en)	['nat͡vakt], ['vɛktarə]
detetive (m)	detektiv (en)	[detɛk'tiv]

funcionário (m) da alfândega	tulltjänsteman (en)	['tulʲ 'ɕɛnstə͡man]
guarda-costas (m)	livvakt (en)	['liːv͡vakt]
guarda (m) prisional	fångvaktare (en)	['fɔŋ͡vaktarə]
inspetor (m)	inspektör (en)	[inspɛk'tøːr]

| desportista (m) | idrottsman (en) | ['idrɔts͡man] |
| treinador (m) | tränare (en) | ['trɛːnarə] |

talhante (m)	slaktare (en)	[ˈslʲaktarə]
sapateiro (m)	skomakare (en)	[ˈskʊˌmakarə]
comerciante (m)	handelsman (en)	[ˈhandəlʲsˌman]
carregador (m)	lastare (en)	[ˈlʲastarə]
estilista (m)	modedesigner (en)	[ˈmʊdə deˈsajnər]
modelo (f)	modell, mannekäng (en)	[mʊˈdɛlʲ], [ˈmanekɛŋ]

93. Ocupações. Estatuto social

aluno, escolar (m)	skolbarn (ett)	[ˈskʊlʲˌbaːn]
estudante (~ universitária)	student (en)	[stuˈdɛnt]
filósofo (m)	filosof (en)	[filʲɔˈsɔf]
economista (m)	ekonom (en)	[ɛkʊˈnɔm]
inventor (m)	uppfinnare (en)	[ˈupˌfinarə]
desempregado (m)	arbetslös (en)	[ˈarbetsˌlʲøːs]
reformado (m)	pensionär (en)	[panɧuˈnæːr]
espião (m)	spion (en)	[spiˈʊn]
preso (m)	fånge (en)	[ˈfɔŋə]
grevista (m)	strejkande (en)	[ˈstrɛjkandə]
burocrata (m)	byråkrat (en)	[ˈbyrɔˌkrat]
viajante (m)	resenär (en)	[reseˈnæːr]
homossexual (m)	homosexuell (en)	[ˈhɔmɔsɛksuˌɛlʲ]
hacker (m)	hackare (en)	[ˈhakarə]
hippie	hippie (en)	[ˈhipi]
bandido (m)	bandit (en)	[banˈdit]
assassino (m) a soldo	legomördare (en)	[ˈlʲeguˌmøːdarə]
toxicodependente (m)	narkoman (en)	[narkʊˈman]
traficante (m)	droglangare (en)	[ˈdrʊgˌlʲaŋarə]
prostituta (f)	prostituerad (en)	[prɔstituˈɛrad]
chulo (m)	hallik (en)	[ˈhalik]
bruxo (m)	trollkarl (en)	[ˈtrɔlʲˌkar]
bruxa (f)	trollkvinna (en)	[ˈtrɔlʲˌkvina]
pirata (m)	pirat, sjörövare (en)	[piˈrat], [ˈɧøːˌrøːvarə]
escravo (m)	slav (en)	[ˈslʲav]
samurai (m)	samuraj (en)	[samuˈraj]
selvagem (m)	vilde (en)	[ˈvilʲdə]

Educação

94. Escola

escola (f)	skola (en)	['skʊlʲa]
diretor (m) de escola	rektor (en)	['rɛktʊr]

aluno (m)	elev (en)	[ɛ'lʲev]
aluna (f)	elev (en)	[ɛ'lʲev]
escolar (m)	skolbarn (ett)	['skʊlʲˌbaːŋ]
escolar (f)	skolflicka (en)	['skʊlʲˌflika]

ensinar (vt)	att undervisa	[at 'undəˌvisa]
aprender (vt)	att lära sig	[at 'lʲæːra sɛj]
aprender de cor	att lära sig utantill	[at 'læːra sɛj 'ʉːtanˌtilʲ]

estudar (vi)	att lära sig	[at 'lʲæːra sɛj]
andar na escola	att gå i skolan	[at 'goː i 'skʊlʲan]
ir à escola	att gå till skolan	[at 'goː tilʲ 'skʊlʲan]

alfabeto (m)	alfabet (ett)	['alʲfabet]
disciplina (f)	ämne (ett)	['ɛmnə]

sala (f) de aula	klassrum (ett)	['klʲasˌruːm]
lição (f)	timme (en)	['timə]
recreio (m)	rast (en)	['rast]
toque (m)	skolklocka (en)	['skʊlʲˌklʲɔka]
carteira (f)	skolbänk (en)	['skʊlʲˌbɛŋk]
quadro (m) negro	tavla (en)	['tavlʲa]

nota (f)	betyg (ett)	[be'tyg]
boa nota (f)	bra betyg (ett)	[bra be'tyg]
nota (f) baixa	dåligt betyg (ett)	['doːlit be'tyg]
dar uma nota	att betygsätta	[at be'tygsæta]

erro (m)	fel (ett)	['felʲ]
fazer erros	att göra misstag	[at 'jøːra 'mistag]
corrigir (vt)	att rätta	[at 'ræta]
cábula (f)	fusklapp (en)	['fuskˌlʲap]

dever (m) de casa	läxor (pl)	['lʲɛːksʊr]
exercício (m)	övning (en)	['øvniŋ]

estar presente	att vara närvarande	[at 'vara 'næːrˌvarandə]
estar ausente	att vara frånvarande	[at 'vara 'froːnˌvarandə]
faltar às aulas	att missa skolan	[at 'misa 'skʊlʲan]

punir (vt)	att straffa	[at 'strafa]
punição (f)	straff (ett)	['straf]
comportamento (m)	uppförande (ett)	['upˌførandə]

boletim (m) escolar	betyg, omdöme (ett)	[be'tyg], ['ɔmˌdø:mə]
lápis (m)	blyertspenna (en)	['blʲyɛ:tsˌpɛna]
borracha (f)	suddgummi (ett)	['sudˌgumi]
giz (m)	krita (en)	['krita]
estojo (m)	pennfodral (ett)	['pɛnfʊdˌralʲ]

pasta (f) escolar	skolväska (en)	['skʊlʲˌvɛska]
caneta (f)	penna (en)	['pɛna]
caderno (m)	övningsbok (en)	['øvniŋsˌbʊk]
manual (m) escolar	lärobok (en)	['lʲæ:rʊˌbʊk]
compasso (m)	passare (en)	['pasarə]

traçar (vt)	att rita	[at 'rita]
desenho (m) técnico	teknisk ritning (en)	['tɛknisk 'ritniŋ]

poesia (f)	dikt (en)	['dikt]
de cor	utantill	['u:tanˌtilʲ]
aprender de cor	att lära sig utantill	[at 'læ:ra sɛj 'ʉ:tanˌtilʲ]

férias (f pl)	skollov (ett)	['skʊlˌlʲov]
estar de férias	att ha lov	[at ha 'lʲov]
passar as férias	att tillbringa skollovet	[at 'tilʲˌbriŋa 'skʊˌlʲovet]

teste (m)	prov (ett)	['prʊv]
composição, redação (f)	uppsats (en)	['upsats]
ditado (m)	diktamen (en)	[dik'tamən]
exame (m)	examen (en)	[ɛk'samən]
fazer exame	att ta en examen	[at ta en ɛk'samən]
experiência (~ química)	försök (ett)	['fœːˌsø:k]

95. Colégio. Universidade

academia (f)	akademi (en)	[akade'mi:]
universidade (f)	universitet (ett)	[univɛʂi'tet]
faculdade (f)	fakultet (en)	[fakulʲ'tet]

estudante (m)	student (en)	[stu'dɛnt]
estudante (f)	kvinnlig student (en)	['kvinlig stu'dɛnt]
professor (m)	lärare, föreläsare (en)	['lʲæ:rarə], ['førəˌlʲɛ:sarə]

sala (f) de palestras	föreläsningssal (en)	[føre'lʲɛsniŋˌsalʲ]
graduado (m)	alumn (en)	[a'lʉmn]

diploma (m)	diplom (ett)	[dip'lʲɔm]
tese (f)	avhandling (en)	['avˌhandliŋ]

estudo (obra)	studie (en)	['studiə]
laboratório (m)	laboratorium (ett)	[lʲabɔra'tɔrium]

palestra (f)	föreläsning (en)	['førəˌlʲɛsniŋ]
colega (m) de curso	studiekompis (en)	['studieˌkompis]

bolsa (f) de estudos	stipendium (ett)	[sti'pɛndium]
grau (m) académico	akademisk grad (en)	[aka'demisk grad]

96. Ciências. Disciplinas

matemática (f)	matematik (en)	[matema'tik]
álgebra (f)	algebra (en)	['alˈgebra]
geometria (f)	geometri (en)	[jeʉmə'triː]
astronomia (f)	astronomi (en)	[astrʉnɔ'miː]
biologia (f)	biologi (en)	[biʉlˈɔ'giː]
geografia (f)	geografi (en)	[jeʉgra'fiː]
geologia (f)	geologi (en)	[jeʉlˈɔ'giː]
história (f)	historia (en)	[hi'stʉria]
medicina (f)	medicin (en)	[medi'sin]
pedagogia (f)	pedagogik (en)	[pedagɔ'gik]
direito (m)	rätt (en)	['ræt]
física (f)	fysik (en)	[fy'zik]
química (f)	kemi (en)	[ɕe'miː]
filosofia (f)	filosofi (en)	[filˈɔsɔ'fiː]
psicologia (f)	psykologi (en)	[sykʉlˈɔ'giː]

97. Sistema de escrita. Ortografia

gramática (f)	grammatik (en)	[grama'tik]
vocabulário (m)	ordförråd (ett)	['ʉːdfœːˌroːd]
fonética (f)	fonetik (en)	[fɔne'tik]
substantivo (m)	substantiv (ett)	['substanˌtiv]
adjetivo (m)	adjektiv (ett)	['adjɛkˌtiv]
verbo (m)	verb (ett)	['vɛrb]
advérbio (m)	adverb (ett)	[ad'vɛrb]
pronome (m)	pronomen (ett)	[prʉ'nʉmən]
interjeição (f)	interjektion (en)	[intɛrjɛk'ɧʉn]
preposição (f)	preposition (en)	[prepʉsi'ɧʉn]
raiz (f) da palavra	rot (en)	['rʉt]
terminação (f)	ändelse (en)	['ɛndəlˈsə]
prefixo (m)	prefix (ett)	[prɛ'fiks]
sílaba (f)	stavelse (en)	['stavəlˈsə]
sufixo (m)	suffix (ett)	[su'fiːks]
acento (m)	betoning (en)	[be'tʉniŋ]
apóstrofo (m)	apostrof (en)	[apʉ'strɔf]
ponto (m)	punkt (en)	['puŋkt]
vírgula (f)	komma (ett)	['kɔma]
ponto e vírgula (m)	semikolon (ett)	['semikʉˌlˈɔn]
dois pontos (m pl)	kolon (ett)	[kʉ'lˈɔn]
reticências (f pl)	tre punkter (pl)	[trɛ 'puŋktər]
ponto (m) de interrogação	frågetecken (ett)	['froːgəˌtɛkən]
ponto (m) de exclamação	utropstecken (ett)	['ʉtrʉpsˌtɛkən]

aspas (f pl)	anföringstecken (pl)	[ɑn'fœriŋsˌtɛkən]
entre aspas	inom anföringstecken	['inɔm ɑn'fœriŋsˌtɛkən]
parênteses (m pl)	parentes (en)	[parɛn'tes]
entre parênteses	inom parentes	['inɔm parɛn'tes]
hífen (m)	bindestreck (ett)	['bindəˌstrɛk]
travessão (m)	tankstreck (ett)	['taŋkˌstrɛk]
espaço (m)	mellanrum (ett)	['mɛlʲanˌruːm]
letra (f)	bokstav (en)	['bʊkstav]
letra (f) maiúscula	stor bokstav (en)	['stʊr 'bʊkstav]
vogal (f)	vokal (en)	[vʊ'kalʲ]
consoante (f)	konsonant (en)	[kɔnsɔ'nant]
frase (f)	mening, sats (en)	['meniŋ], ['sats]
sujeito (m)	subjekt (ett)	[sub'jɛːkt]
predicado (m)	predikat (ett)	[predi'kat]
linha (f)	rad (en)	['rad]
em uma nova linha	på ny rad	[pɔ ny 'rad]
parágrafo (m)	stycke (ett)	['stʏkə]
palavra (f)	ord (ett)	['ʊːd]
grupo (m) de palavras	ordkombination (en)	['ʊːdˌkɔmbina'ɧʊn]
expressão (f)	uttryck (ett)	['ʉtˌtrʏk]
sinónimo (m)	synonym (en)	[synɔ'nym]
antónimo (m)	antonym, motsats (en)	[antɔ'nʏm], ['mʊtsats]
regra (f)	regel (en)	['regəlʲ]
exceção (f)	undantag (ett)	['undanˌtaːg]
correto	riktig	['riktig]
conjugação (f)	böjning (en)	['bœjniŋ]
declinação (f)	böjning (en)	['bœjniŋ]
caso (m)	kasus (ett)	['kasus]
pergunta (f)	fråga (en)	['frɔːga]
sublinhar (vt)	att understryka	[at 'undəˌstryka]
linha (f) pontilhada	pricklinje (en)	['prikˌlinjə]

98. Línguas estrangeiras

língua (f)	språk (ett)	['sprɔːk]
estrangeiro	främmande	['frɛmandə]
língua (f) estrangeira	främmande språk (ett)	['frɛmandə sprɔːk]
estudar (vt)	att studera	[at stu'dera]
aprender (vt)	att lära sig	[at 'lʲæːra sɛj]
ler (vt)	att läsa	[at 'lʲɛːsa]
falar (vi)	att tala	[at 'talʲa]
compreender (vt)	att förstå	[at fœː'ʂtɔː]
escrever (vt)	att skriva	[at 'skriva]
rapidamente	snabbt	['snabt]
devagar	långsamt	['lʲɔŋˌsamt]

fluentemente	flytande	['flʲytandə]
regras (f pl)	regler (pl)	['rɛglʲər]
gramática (f)	grammatik (en)	[grama'tik]
vocabulário (m)	ordförråd (ett)	['ʊːdfœːˌroːd]
fonética (f)	fonetik (en)	[fɔne'tik]
manual (m) escolar	lärobok (en)	['lʲæːrʊˌbʊk]
dicionário (m)	ordbok (en)	['ʊːdˌbʊk]
manual (m) de autoaprendizagem	självinstruerande lärobok (en)	['ɧɛlʲv instrʉ'ɛrandə 'lʲæːrʊˌbʊk]
guia (m) de conversação	parlör (en)	[paːˈlʲøːr]
cassete (f)	kassett (en)	[kaˈsɛt]
vídeo cassete (m)	videokassett (en)	['vidɛʊ kaˈsɛt]
CD (m)	cd-skiva (en)	['sede ˌɧiva]
DVD (m)	dvd (en)	[deveˈdeː]
alfabeto (m)	alfabet (ett)	['alʲfabet]
soletrar (vt)	att stava	[at ˈstava]
pronúncia (f)	uttal (ett)	['ʉtˌtalʲ]
sotaque (m)	brytning (en)	['brʏtniŋ]
com sotaque	med brytning	[me 'brʏtniŋ]
sem sotaque	utan brytning	['ʉtan 'brʏtniŋ]
palavra (f)	ord (ett)	['ʊːd]
sentido (m)	betydelse (en)	[beˈtydəlʲsə]
cursos (m pl)	kurs (en)	['kuːʂ]
inscrever-se (vr)	att anmäla sig	[at 'anˌmɛːlʲa sɛj]
professor (m)	lärare (en)	['lʲæːrarə]
tradução (processo)	översättning (en)	['øːvəˌsætniŋ]
tradução (texto)	översättning (en)	['øːvəˌsætniŋ]
tradutor (m)	översättare (en)	['øːvəˌsætarə]
intérprete (m)	tolk (en)	['tɔlʲk]
poliglota (m)	polyglott (en)	[pʊlʏˈglʲɔt]
memória (f)	minne (ett)	['minə]

Descanso. Entretenimento. Viagens

99. Viagens

turismo (m)	turism (en)	[tu'rism]
turista (m)	turist (en)	[tu'rist]
viagem (f)	resa (en)	['resa]
aventura (f)	äventyr (ett)	['ɛːvenˌtyr]
viagem (f)	tripp (en)	['trip]
férias (f pl)	semester (en)	[se'mɛstər]
estar de férias	att ha semester	[at ha se'mɛstər]
descanso (m)	uppehåll (ett), vila (en)	['upə'hoːlʲ], ['vilʲa]
comboio (m)	tåg (ett)	['toːg]
de comboio (chegar ~)	med tåg	[me 'toːg]
avião (m)	flygplan (ett)	['flʲygplʲan]
de avião	med flygplan	[me 'flʲygplʲan]
de carro	med bil	[me 'bilʲ]
de navio	med båt	[me 'boːt]
bagagem (f)	bagage (ett)	[ba'gaːʃ]
mala (f)	resväska (en)	['rɛsˌvɛska]
carrinho (m)	bagagevagn (en)	[ba'gaːʃˌvagn]
passaporte (m)	pass (ett)	['pas]
visto (m)	visum (ett)	['viːsum]
bilhete (m)	biljett (en)	[bi'lʲet]
bilhete (m) de avião	flygbiljett (en)	['flʲyg biˌlʲet]
guia (m) de viagem	reseguidebok (en)	['reseˌgajdbʊk]
mapa (m)	karta (en)	['kaːta]
local (m), area (f)	område (ett)	['ɔmˌroːdə]
lugar, sítio (m)	plats (en)	['plʲats]
exotismo (m)	(det) exotiska	[ɛ'ksɔtiska]
exótico	exotisk	[ɛk'sɔtisk]
surpreendente	förunderlig	[fø'rundelig]
grupo (m)	grupp (en)	['grup]
excursão (f)	utflykt (en)	['ʉtˌflʲykt]
guia (m)	guide (en)	['gajd]

100. Hotel

hotel (m)	hotell (ett)	[hʊ'tɛlʲ]
motel (m)	motell (ett)	[mʊ'tɛlʲ]
três estrelas	trestjärnigt	['treˌɧæːnit]

cinco estrelas	femstjärnigt	[fɛmˌɧæːnit]
ficar (~ num hotel)	att bo	[at 'buː]
quarto (m)	rum (ett)	['ruːm]
quarto (m) individual	enkelrum (ett)	['ɛŋkəlʲˌruːm]
quarto (m) duplo	dubbelrum (ett)	['dubəlʲˌruːm]
reservar um quarto	att boka rum	[at 'buka 'ruːm]
meia pensão (f)	halvpension (en)	['halʲvˌpan'ɧʊn]
pensão (f) completa	helpension (en)	['helʲˌpan'ɧʊn]
com banheira	med badkar	[me 'badˌkar]
com duche	med dusch	[me 'duʃ]
televisão (m) satélite	satellit-TV (en)	[satɛ'liːt 'teve]
ar (m) condicionado	luftkonditionerare (en)	['lʉftˌkɔndiɧʉ'nerarə]
toalha (f)	handduk (en)	['handˌdʉːk]
chave (f)	nyckel (en)	['nʏkəlʲ]
administrador (m)	administratör (en)	[administra'tør]
camareira (f)	städerska (en)	['stɛːdɛʂka]
bagageiro (m)	bärare (en)	['bæːrarə]
porteiro (m)	portier (en)	[pɔː'tʲeː]
restaurante (m)	restaurang (en)	[rɛstoˈraŋ]
bar (m)	bar (en)	['bar]
pequeno-almoço (m)	frukost (en)	['frʉːkɔst]
jantar (m)	kvällsmat (en)	['kvɛlʲsˌmat]
buffet (m)	buffet (en)	[bu'fet]
hall (m) de entrada	lobby (en)	['lʲɔbi]
elevador (m)	hiss (en)	['his]
NÃO PERTURBE	STÖR EJ!	['støːr ɛj]
PROIBIDO FUMAR!	RÖKNING FÖRBJUDEN	['rœkniŋ før'bjʉːdən]

EQUIPAMENTO TÉCNICO. TRANSPORTES

Equipamento técnico. Transportes

101. Computador

computador (m)	dator (en)	['datʊr]
portátil (m)	bärbar dator (en)	['bærbar 'datʊr]
ligar (vt)	att slå på	[at 'slʲoː pɔ]
desligar (vt)	att slå av	[at 'slʲoː 'av]
teclado (m)	tangentbord (ett)	[tanˈjentˌbʊːd]
tecla (f)	tangent (en)	[tanˈjent]
rato (m)	mus (en)	['mʉːs]
tapete (m) de rato	musmatta (en)	['mʉːsˌmata]
botão (m)	knapp (en)	['knap]
cursor (m)	markör (en)	[marˈkøːr]
monitor (m)	monitor, bildskärm (en)	[mɔniˈtor], ['bilʲdʄæːrm]
ecrã (m)	skärm (en)	['ɧæːrm]
disco (m) rígido	hårddisk (en)	['hoːdˌdisk]
capacidade (f) do disco rígido	hårddisk kapacitet (en)	['hoːdˌdisk kapasiˈtet]
memória (f)	minne (ett)	['minə]
memória RAM (f)	operativminne (ett)	[ɔperaˈtivˌminə]
ficheiro (m)	fil (en)	['filʲ]
pasta (f)	mapp (en)	['map]
abrir (vt)	att öppna	[at 'øpna]
fechar (vt)	att stänga	[at 'stɛŋa]
guardar (vt)	att bevara	[at beˈvara]
apagar, eliminar (vt)	att ta bort, att radera	[at ta 'bɔːt], [at raˈdera]
copiar (vt)	att kopiera	[at kɔˈpjera]
ordenar (vt)	att sortera	[at sɔːˈtera]
copiar (vt)	att överföra	[at øːvəˌføra]
programa (m)	program (ett)	[prɔˈgram]
software (m)	programvara (en)	[prɔˈgramˌvara]
programador (m)	programmerare (en)	[prɔgraˈmerarə]
programar (vt)	att programmera	[at prɔgraˈmera]
hacker (m)	hackare (en)	['hakarə]
senha (f)	lösenord (ett)	['lʲøːsənˌʊːd]
vírus (m)	virus (ett)	['viːrʉs]
detetar (vt)	att upptäcka	[at 'upˌtɛka]
byte (m)	byte (ett)	['bajt]

megabyte (m)	megabyte (en)	['mega͵bajt]
dados (m pl)	data (pl)	['data]
base (f) de dados	databas (en)	['data͵bas]

cabo (m)	kabel (en)	['kabəlʲ]
desconectar (vt)	att koppla från	[at 'koplʲa frɔn]
conetar (vt)	att koppla	[at 'koplʲa]

102. Internet. E-mail

internet (f)	Internet	['ɪntɛː͵ŋɛt]
browser (m)	webbläsare (en)	['vɛb͵lʲɛːsarə]
motor (m) de busca	sökmotor (en)	['søːk͵mʊtʊr]
provedor (m)	leverantör (en)	[lʲevəran'tøːr]

webmaster (m)	webbmästare (en)	['vɛb͵mɛstarə]
website, sítio web (m)	webbplats (en)	['vɛb͵plʲats]
página (f) web	webbsida (en)	['vɛb͵sida]

| endereço (m) | adress (en) | [a'drɛs] |
| livro (m) de endereços | adressbok (en) | [a'drɛs͵bʊk] |

caixa (f) de correio	brevlåda (en)	['brev͵lʲoːda]
correio (m)	post (en)	['pɔst]
cheia (caixa de correio)	full	['fulʲ]

mensagem (f)	meddelande (ett)	[me'delʲandə]
mensagens (f pl) recebidas	inkommande meddelanden	[in'kɔmandə me'delʲandən]
mensagens (f pl) enviadas	utgående meddelanden	['ʉt͵goːəndə me'delʲandən]
remetente (m)	avsändare (en)	['av͵sɛndarə]
enviar (vt)	att skicka	[at 'ɧika]
envio (m)	avsändning (en)	['av͵sɛndniŋ]
destinatário (m)	mottagare (en)	['mɔt͵tagarə]
receber (vt)	att ta emot	[at ta ɛmoːt]

| correspondência (f) | korrespondens (en) | [kɔrɛspɔn'dɛns] |
| corresponder-se (vr) | att brevväxla | [at 'brev͵vɛkslʲa] |

ficheiro (m)	fil (en)	['filʲ]
fazer download, baixar	att ladda ner	[at 'lʲada ner]
criar (vt)	att skapa	[at 'skapa]
apagar, eliminar (vt)	att ta bort, att radera	[at ta 'bɔːt], [at ra'dera]
eliminado	borttagen	['bɔːt͵taːgən]

conexão (f)	förbindelse (en)	[før'bindəlʲsə]
velocidade (f)	hastighet (en)	['hastig͵het]
modem (m)	modem (ett)	[mʊ'dem]
acesso (m)	tillträde (ett)	['tilʲtrɛːdə]
porta (f)	port (en)	['pɔːt]

conexão (f)	uppkoppling (en)	['up͵koplʲiŋ]
conetar (vi)	att ansluta	[at 'an͵slʉːta]
escolher (vt)	att välja	[at 'vɛlja]
buscar (vt)	att söka efter …	[at 'søːka ͵ɛftər …]

103. Eletricidade

eletricidade (f)	elektricitet (en)	[ɛlʲektrisi'tet]
elétrico	elektrisk	[ɛ'lʲektrisk]
central (f) elétrica	kraftverk (ett)	['kraft͵vɛrk]
energia (f)	energi (en)	[ɛner'ɕi]
energia (f) elétrica	elkraft (en)	['ɛlʲ͵kraft]
lâmpada (f)	glödlampa (en)	['glʲø:d͵lʲampa]
lanterna (f)	ficklampa (en)	['fik͵lʲampa]
poste (m) de iluminação	gatlykta (en)	['gat͵lʲykta]
luz (f)	ljus (ett)	['jɯ:s]
ligar (vt)	att slå på	[at 'slʲo: pɔ]
desligar (vt)	att slå av	[at 'slʲo: 'av]
apagar a luz	att släcka ljuset	[at 'slʲɛka 'jɯ:sət]
fundir (vi)	att brinna ut	[at 'brina ɯt]
curto-circuito (m)	kortslutning (en)	['kɔ:t͵slɯ:tniŋ]
rutura (f)	kabelbrott (ett)	['kabəlʲ͵brɔt]
contacto (m)	kontakt (en)	[kɔn'takt]
interruptor (m)	strömbrytare (en)	['strø:m͵brytarə]
tomada (f)	eluttag (ett)	['ɛlʲ͵ɯ:'tag]
ficha (f)	stickkontakt (en)	['stik kɔn'takt]
extensão (f)	grenuttag (ett)	['grenɯ:͵tag]
fusível (m)	säkring (en)	['sɛkriŋ]
fio, cabo (m)	ledning (en)	['lʲedniŋ]
instalação (f) elétrica	ledningsnät (ett)	['lʲedniŋs͵nɛ:t]
ampere (m)	ampere (en)	[am'pɛr]
amperagem (f)	strömstyrka (en)	['strø:m͵styrka]
volt (m)	volt (en)	['vɔlʲt]
voltagem (f)	spänning (en)	['spɛniŋ]
aparelho (m) elétrico	elektrisk apparat (en)	[ɛ'lʲektrisk apa'rat]
indicador (m)	indikator (en)	[indi'katʊr]
eletricista (m)	elektriker (en)	[ɛ'lʲektrikər]
soldar (vt)	att löda	[at 'lʲø:da]
ferro (m) de soldar	lödkolv (en)	['lʲø:d͵kɔlʲv]
corrente (f) elétrica	ström (en)	['strø:m]

104. Ferramentas

ferramenta (f)	verktyg (ett)	['vɛrk͵tyg]
ferramentas (f pl)	verktyg (pl)	['vɛrk͵tyg]
equipamento (m)	utrustning (en)	['ɯ͵trustniŋ]
martelo (m)	hammare (en)	['hamarə]
chave (f) de fendas	skruvmejsel (en)	['skrɯ:v͵mɛjsəlʲ]
machado (m)	yxa (en)	['yksa]

serra (f)	såg (en)	['so:g]
serrar (vt)	att såga	[at 'so:ga]
plaina (f)	hyvel (en)	['hyvəlʲ]
aplainar (vt)	att hyvla	[at 'hyvlʲa]
ferro (m) de soldar	lödkolv (en)	['lʲøːdˌkolʲv]
soldar (vt)	att löda	[at 'lʲøːda]
lima (f)	fil (en)	['filʲ]
tenaz (f)	kniptång (en)	['knipˌtoŋ]
alicate (m)	flacktång (en)	['flʲakˌtoŋ]
formão (m)	stämjärn, huggjärn (ett)	['stɛmˌjæːŋ], ['hugˌjæːŋ]
broca (f)	borr (en)	['bɔr]
berbequim (f)	borrmaskin (en)	['bɔrˌma'ɧiːn]
furar (vt)	att borra	[at 'bɔra]
faca (f)	kniv (en)	['kniv]
lâmina (f)	blad (ett)	['blʲad]
afiado	skarp	['skarp]
cego	slö	['slʲøː]
embotar-se (vr)	att bli slö	[at bli 'slʲøː]
afiar, amolar (vt)	att slipa, att vässa	[at 'slipa], [at 'vɛsa]
parafuso (m)	bult (en)	['bulʲt]
porca (f)	mutter (en)	['mutər]
rosca (f)	gänga (en)	['jɛŋa]
parafuso (m) para madeira	skruv (en)	['skrʉːv]
prego (m)	spik (en)	['spik]
cabeça (f) do prego	spikhuvud (ett)	['spikˌhʉːvʉd]
régua (f)	linjal (en)	[li'njalʲ]
fita (f) métrica	måttband (ett)	['mɔtˌband]
nível (m)	vattenpass (ett)	['vatənˌpas]
lupa (f)	lupp (en)	['lʉp]
medidor (m)	mätinstrument (ett)	['mɛːtˌinstru'mɛnt]
medir (vt)	att mäta	[at 'mɛːta]
escala (f)	skala (en)	['skalʲa]
indicação (f), registo (m)	avläsningar (pl)	['avˌlʲɛsniŋar]
compressor (m)	kompressor (en)	[kɔm'prɛsʉr]
microscópio (m)	mikroskop (ett)	[mikrʉ'skɔp]
bomba (f)	pump (en)	['pump]
robô (m)	robot (en)	['rɔbɔt]
laser (m)	laser (en)	['lʲasər]
chave (f) de boca	skruvnyckel (en)	['skrʉːvˌnʏkəlʲ]
fita (f) adesiva	tejp (en)	['tɛjp]
cola (f)	lim (ett)	['lim]
lixa (f)	sandpapper (ett)	['sandˌpapər]
mola (f)	fjäder (en)	['fjɛːdər]
íman (m)	magnet (en)	[mag'net]

luvas (f pl)	handskar (pl)	['hanskar]
corda (f)	rep (ett)	['rep]
cordel (m)	snör (ett)	['snø:r]
fio (m)	tråd, ledning (en)	['tro:d], ['lʲedniŋ]
cabo (m)	kabel (en)	['kabəlʲ]

marreta (f)	slägga (en)	['slʲɛga]
pé de cabra (m)	spett, järnspett (ett)	['spɛt], ['jæ:ɳˌspɛt]
escada (f) de mão	stege (en)	['stegə]
escadote (m)	trappstege (en)	['trapˌstegə]

enroscar (vt)	att skruva fast	[at 'skrʉ:va fast]
desenroscar (vt)	att skruva av	[at 'skrʉ:va av]
apertar (vt)	att klämma	[at 'klʲɛma]
colar (vt)	att klistra, att limma	[at 'klistra], [at 'lima]
cortar (vt)	att skära	[at 'ɧæ:ra]

falha (mau funcionamento)	funktionsstörning (en)	[fuŋk'ɧʊnsˌstø:ɳiŋ]
conserto (m)	reparation (en)	[repara'ɧʊn]
consertar, reparar (vt)	att reparera	[at repa'rera]
regular, ajustar (vt)	att justera	[at ɧu'stera]

verificar (vt)	att checka	[at 'ɕɛka]
verificação (f)	kontroll (en)	[kɔn'trɔlʲ]
indicação (f), registo (m)	avläsningar (pl)	['avˌlʲɛsniŋar]

seguro	pålitlig	['poˌlitlig]
complicado	komplex	[kɔm'plʲeks]

enferrujar (vi)	att rosta	[at 'rɔsta]
enferrujado	rostig	['rostig]
ferrugem (f)	rost (en)	['rɔst]

Transportes

105. Avião

avião (m)	flygplan (ett)	['flʲygplʲan]
bilhete (m) de avião	flygbiljett (en)	['flʲyg bi‚lʲet]
companhia (f) aérea	flygbolag (ett)	['flʲyg‚bʉlʲag]
aeroporto (m)	flygplats (en)	['flʲyg‚plʲats]
supersónico	överljuds-	['øːvərjʉːds-]
comandante (m) do avião	kapten (en)	[kap'ten]
tripulação (f)	besättning (en)	[be'sætniŋ]
piloto (m)	pilot (en)	[pi'lʲʉt]
hospedeira (f) de bordo	flygvärdinna (en)	['flʲyg‚væːdina]
copiloto (m)	styrman (en)	['styr‚man]
asas (f pl)	vingar (pl)	['viŋar]
cauda (f)	stjärtfena (en)	['ɧæːt feːna]
cabine (f) de pilotagem	cockpit, förarkabin (en)	['kɔkpit], ['føːrar‚ka'bin]
motor (m)	motor (en)	['mʉtʊr]
trem (m) de aterragem	landningsställ (ett)	['landniŋs‚stɛlʲ]
turbina (f)	turbin (en)	[tur'bin]
hélice (f)	propeller (en)	[prʊ'pɛlʲər]
caixa-preta (f)	svart låda (en)	['svaːt 'lʲoːda]
coluna (f) de controlo	styrspak (ett)	['sty:‚spak]
combustível (m)	bränsle (ett)	['brɛnslʲe]
instruções (f pl) de segurança	säkerhetsinstruktion (en)	['sɛːkərhets instruk'ɧʊn]
máscara (f) de oxigénio	syremask (en)	['syre‚mask]
uniforme (m)	uniform (en)	[uni'fɔrm]
colete (m) salva-vidas	räddningsväst (en)	['rɛdniŋ‚vɛst]
paraquedas (m)	fallskärm (en)	['falʲ‚ɧæːrm]
descolagem (f)	start (en)	['staːt]
descolar (vi)	att lyfta	[at 'lʲyfta]
pista (f) de descolagem	startbana (en)	['staː‚tbaːna]
visibilidade (f)	siktbarhet (en)	['siktbar‚het]
voo (m)	flygning (en)	['flʲygniŋ]
altura (f)	höjd (en)	['hœjd]
poço (m) de ar	luftgrop (en)	['lʉft‚grʊp]
assento (m)	plats (en)	['plʲats]
auscultadores (m pl)	hörlurar (pl)	['hœː‚lʲʉːrar]
mesa (f) rebatível	utfällbart bord (ett)	['ʉtfɛlʲ‚bart 'bʉːd]
vigia (f)	fönster (ett)	['fœnstər]
passagem (f)	mittgång (en)	['mit‚gɔŋ]

106. Comboio

comboio (m)	tåg (ett)	['to:g]
comboio (m) suburbano	lokaltåg, pendeltåg (ett)	[lʲɔ'kalʲˌto:g], ['pendəlˌto:g]
comboio (m) rápido	expresståg (ett)	[ɛks'prɛsˌto:g]
locomotiva (f) diesel	diesellokomotiv (ett)	['disəlʲ lʲɔkɔmɔ'tiv]
locomotiva (f) a vapor	ånglokomotiv (en)	['ɔŋˌlʲɔkɔmɔ'tiv]
carruagem (f)	vagn (en)	['vagn]
carruagem restaurante (f)	restaurangvagn (en)	[rɛstɔ'raŋˌvagn]
carris (m pl)	räls, rälsar (pl)	['rɛlʲs], ['rɛlʲsar]
caminho de ferro (m)	järnväg (en)	['jæːɳˌvɛ:g]
travessa (f)	sliper (en)	['slipər]
plataforma (f)	perrong (en)	[pɛ'rɔŋ]
linha (f)	spår (ett)	['spo:r]
semáforo (m)	semafor (en)	[sema'fɔr]
estação (f)	station (en)	[sta'ɧʉn]
maquinista (m)	lokförare (en)	['lʲʊkˌfø:rarə]
bagageiro (m)	bärare (en)	['bæ:rarə]
hospedeiro, -a (da carruagem)	tågvärd (en)	['to:gˌvæ:d]
passageiro (m)	passagerare (en)	[pasa'ɧerarə]
revisor (m)	kontrollant (en)	[kɔntrɔ'lʲant]
corredor (m)	korridor (en)	[kɔri'dɔ:r]
freio (m) de emergência	nödbroms (en)	['nø:dˌbrɔms]
compartimento (m)	kupé (en)	[kʉ'pe:]
cama (f)	slaf, säng (en)	['slaf], ['sɛŋ]
cama (f) de cima	överslaf (en)	['øvəˌslaf]
cama (f) de baixo	underslaf (en)	['undəˌslaf]
roupa (f) de cama	sängkläder (pl)	['sɛŋˌklʲɛ:dər]
bilhete (m)	biljett (en)	[bi'lʲet]
horário (m)	tidtabell (en)	['tid ta'bɛlʲ]
painel (m) de informação	informationstavla (en)	[infɔrma'ɧʉnsˌtavlʲa]
partir (vt)	att avgå	[at 'avˌgo:]
partida (f)	avgång (en)	['avˌgɔŋ]
chegar (vi)	att ankomma	[at 'aŋˌkɔma]
chegada (f)	ankomst (en)	['aŋˌkɔmst]
chegar de comboio	att ankomma med tåget	[at 'aŋˌkɔma me 'to:gət]
apanhar o comboio	att stiga på tåget	[at 'stiga pɔ 'to:gət]
sair do comboio	att stiga av tåget	[at 'stiga av 'to:gət]
acidente (m) ferroviário	tågolycka (en)	['to:g ʊ:'lʲyka]
descarrilar (vi)	att spåra ur	[at 'spo:ra ʉ:r]
locomotiva (f) a vapor	ånglokomotiv (en)	['ɔŋˌlʲɔkɔmɔ'tiv]
fogueiro (m)	eldare (en)	['ɛlʲdarə]
fornalha (f)	eldstad (en)	['ɛlʲdˌstad]
carvão (m)	kol (ett)	['kɔlʲ]

107. Barco

navio (m)	skepp (ett)	['ɧɛp]
embarcação (f)	fartyg (ett)	['fa:ˌtyg]
vapor (m)	ångbåt (en)	['ɔŋˌboːt]
navio (m)	flodbåt (en)	['flʊdˌboːt]
transatlântico (m)	kryssningfartyg (ett)	['krysniŋˌfaːˈtyg]
cruzador (m)	kryssare (en)	['krʏsarə]
iate (m)	jakt (en)	['jakt]
rebocador (m)	bogserbåt (en)	['bʊksɛːrˌboːt]
barcaça (f)	pråm (en)	['proːm]
ferry (m)	färja (en)	['fæːrja]
veleiro (m)	segelbåt (en)	['segəlʲˌboːt]
bergantim (m)	brigantin (en)	[brigan'tin]
quebra-gelo (m)	isbrytare (en)	['isˌbrytarə]
submarino (m)	ubåt (en)	[ʉːˈboːt]
bote, barco (m)	båt (en)	['boːt]
bote, dingue (m)	jolle (en)	['jɔlʲe]
bote (m) salva-vidas	livbåt (en)	['livˌboːt]
lancha (f)	motorbåt (en)	['mʊtʊrˌboːt]
capitão (m)	kapten (en)	[kapˈten]
marinheiro (m)	matros (en)	[maˈtrʊs]
marujo (m)	sjöman (en)	['ɧøːˌman]
tripulação (f)	besättning (en)	[beˈsætniŋ]
contramestre (m)	båtsman (en)	['bɔtsman]
grumete (m)	jungman (en)	['jʉŋˌman]
cozinheiro (m) de bordo	kock (en)	['kɔk]
médico (m) de bordo	skeppsläkare (en)	['ɧɛpˌlʲɛːkarə]
convés (m)	däck (ett)	['dɛk]
mastro (m)	mast (en)	['mast]
vela (f)	segel (ett)	['segəlʲ]
porão (m)	lastrum (ett)	['lʲastˌruːm]
proa (f)	bog (en)	['bʊg]
popa (f)	akter (en)	['aktər]
remo (m)	åra (en)	['oːra]
hélice (f)	propeller (en)	[prʊˈpɛlʲər]
camarote (m)	hytt (en)	['hʏt]
sala (f) dos oficiais	officersmäss (en)	[ɔfiˈseːrsˌmɛs]
sala (f) das máquinas	maskinrum (ett)	[maˈɧiːnˌruːm]
ponte (m) de comando	kommandobrygga (en)	[kɔmˈandʊˌbryga]
sala (f) de comunicações	radiohytt (en)	['radiʊˌhʏt]
onda (f) de rádio	våg (en)	['voːg]
diário (m) de bordo	loggbok (en)	['lʲɔgˌbʊk]
luneta (f)	tubkikare (en)	['tʉbˌçikarə]
sino (m)	klocka (en)	['klʲɔka]

bandeira (f)	flagga (en)	['flˈaga]
cabo (m)	tross (en)	['trɔs]
nó (m)	knop, knut (en)	['knʊp], ['knʉt]
corrimão (m)	räcken (pl)	['rɛkən]
prancha (f) de embarque	landgång (en)	['lˈandˌgɔŋ]
âncora (f)	ankar (ett)	['aŋkar]
recolher a âncora	att lätta ankar	[at 'lˈæta 'aŋkar]
lançar a âncora	att kasta ankar	[at 'kasta 'aŋkar]
amarra (f)	ankarkätting (en)	['aŋkarˌçætiŋ]
porto (m)	hamn (en)	['hamn]
cais, amarradouro (m)	kaj (en)	['kaj]
atracar (vi)	att förtöja	[at fœː'tœːja]
desatracar (vi)	att kasta loss	[at 'kasta 'lˈɔs]
viagem (f)	resa (en)	['resa]
cruzeiro (m)	kryssning (en)	['krʏsniŋ]
rumo (m), rota (f)	kurs (en)	['kuːʂ]
itinerário (m)	rutt (en)	['rut]
canal (m) navegável	farled, segelled (en)	['faːˌlˈed], ['segəlˌled]
banco (m) de areia	grund (ett)	['grʉnd]
encalhar (vt)	att gå på grund	[at 'go pɔ 'grʉnd]
tempestade (f)	storm (en)	['stɔrm]
sinal (m)	signal (en)	[sigˈnalˈ]
afundar-se (vr)	att sjunka	[at 'ɧuŋka]
Homem ao mar!	Man överbord!	['man 'øːvəˌbʉːd]
SOS	SOS	[ɛsoˈɛs]
boia (f) salva-vidas	livboj (en)	['livˌbɔj]

108. Aeroporto

aeroporto (m)	flygplats (en)	['flˈygˌplˈats]
avião (m)	flygplan (ett)	['flˈygplˈan]
companhia (f) aérea	flygbolag (ett)	['flˈygˌbulˈag]
controlador (m) de tráfego aéreo	flygledare (en)	['flˈygˌlˈedarə]
partida (f)	avgång (en)	['avˌgɔŋ]
chegada (f)	ankomst (en)	['aŋˌkomst]
chegar (~ de avião)	att ankomma	[at 'aŋˌkoma]
hora (f) de partida	avgångstid (en)	['avgɔŋsˌtid]
hora (f) de chegada	ankomsttid (en)	['aŋkomstˌtid]
estar atrasado	att bli försenad	[at bli fœː'ʂɛnad]
atraso (m) de voo	avgångsförsening (en)	['avgɔŋsˌfœː'ʂɛniŋ]
painel (m) de informação	informationstavla (en)	[informaˈɧunsˌtavlˈa]
informação (f)	information (en)	[informaˈɧun]
anunciar (vt)	att meddela	[at 'meˌdelˈa]

voo (m)	flyg (ett)	['flʲyg]
alfândega (f)	tull (en)	['tulʲ]
funcionário (m) da alfândega	tulltjänsteman (en)	['tulʲ 'ɕɛnstəˌman]
declaração (f) alfandegária	tulldeklaration (en)	['tulʲˌdɛklʲara'ɧʊn]
preencher (vt)	att fylla i	[at 'fylʲa 'i]
preencher a declaração	att fylla i en tulldeklaration	[at 'fylʲa i en 'tulʲˌdɛklʲara'ɧʊn]
controlo (m) de passaportes	passkontroll (en)	['paskɔnˌtrolʲ]
bagagem (f)	bagage (ett)	[ba'gaːʃ]
bagagem (f) de mão	handbagage (ett)	['hand baˌgaːʃ]
carrinho (m)	bagagevagn (en)	[ba'gaːʃ ˌvagn]
aterragem (f)	landning (en)	['lʲandniŋ]
pista (f) de aterragem	landningsbana (en)	['lʲandniŋsˌbana]
aterrar (vi)	att landa	[at 'lʲanda]
escada (f) de avião	trappa (en)	['trapa]
check-in (m)	incheckning (en)	['inˌɕɛkniŋ]
balcão (m) do check-in	incheckningsdisk (en)	['inˌɕɛkniŋs 'disk]
fazer o check-in	att checka in	[at 'ɕɛka in]
cartão (m) de embarque	boardingkort (ett)	['bɔːdiŋˌkɔːt]
porta (f) de embarque	gate (en)	['gejt]
trânsito (m)	transit (en)	['transit]
esperar (vi, vt)	att vänta	[at 'vɛnta]
sala (f) de espera	väntsal (en)	['vɛntˌsalʲ]
despedir-se de ...	att vinka av	[at 'viŋka av]
despedir-se (vr)	att säga adjö	[at 'sɛːja a'jøː]

Eventos

109. Férias. Evento

festa (f)	fest (en)	['fɛst]
festa (f) nacional	nationaldag (en)	[natɧʉ'naˡlʲˌdag]
feriado (m)	helgdag (en)	['hɛljˌdag]
festejar (vt)	att fira	[at 'fira]
evento (festa, etc.)	begivenhet (en)	[be'jivənˌhet]
evento (banquete, etc.)	evenemang (ett)	[ɛvenə'maŋ]
banquete (m)	bankett (en)	[baŋ'ket]
receção (f)	reception (en)	[resɛp'ɧʉn]
festim (m)	fest (en)	['fɛst]
aniversário (m)	årsdag (en)	['oːʂˌdag]
jubileu (m)	jubileum (ett)	[jʉbi'lʲeum]
celebrar (vt)	att fira	[at 'fira]
Ano (m) Novo	nyår (ett)	['nyˌoːr]
Feliz Ano Novo!	Gott Nytt År!	[gɔt nʏt 'oːr]
Pai (m) Natal	Jultomten	['jʉlʲˌtɔmtən]
Natal (m)	jul (en)	['juːlʲ]
Feliz Natal!	God jul!	[ˌgʊd 'juːlʲ]
árvore (f) de Natal	julgran (en)	['jʉlʲˌgran]
fogo (m) de artifício	fyrverkeri (ett)	[fyrvɛrke'riː]
boda (f)	bröllop (ett)	['brœlʲɔp]
noivo (m)	brudgum (en)	['brʉːdˌgʉːm]
noiva (f)	brud (en)	['brʉːd]
convidar (vt)	att inbjuda, att invitera	[at in'bjʉːda], [at invi'tera]
convite (m)	inbjudan (en)	[in'bjʉːdan]
convidado (m)	gäst (en)	['jɛst]
visitar (vt)	att besöka	[at be'søːka]
receber os hóspedes	att hälsa på gästerna	[at 'hɛlʲsa pɔ 'jɛstəɳa]
presente (m)	gåva, present (en)	['goːva], [pre'sɛnt]
oferecer (vt)	att ge	[at jeː]
receber presentes	att få presenter	[at foː pre'sɛntər]
ramo (m) de flores	bukett (en)	[bʉ'kɛt]
felicitações (f pl)	lyckönskning (en)	['lʲykˌønsknɪŋ]
felicitar (dar os parabéns)	att gratulera	[at gratʉ'lʲera]
cartão (m) de parabéns	gratulationskort (ett)	[gratʉlʲa'ɧʊnsˌkɔːt]
enviar um postal	att skicka vykort	[at 'ɧika 'vyˌkɔːt]
receber um postal	att få vykort	[at foː 'vyˌkɔːt]

brinde (m)	skål (en)	['skoːlʲ]
oferecer (vt)	att bjuda	[at 'bjʉːda]
champanhe (m)	champagne (en)	[ɧamˈpanʲ]

divertir-se (vr)	att ha roligt	[at ha 'rʊlit]
diversão (f)	uppsluppenhet (en)	['upˌslupənhet]
alegria (f)	glädje (en)	['glʲɛdjə]

| dança (f) | dans (en) | ['dans] |
| dançar (vi) | att dansa | [at 'dansa] |

| valsa (f) | vals (en) | ['valʲs] |
| tango (m) | tango (en) | ['taŋɔ] |

110. Funerais. Enterro

cemitério (m)	kyrkogård (en)	['ɕyrkʊˌgoːd]
sepultura (f), túmulo (m)	grav (en)	['grav]
cruz (f)	kors (ett)	['kɔːʂ]
lápide (f)	gravsten (en)	['gravˌsten]
cerca (f)	stängsel (ett)	['stɛŋsəlʲ]
capela (f)	kapell (ett)	[kaˈpɛlʲ]

morte (f)	död (en)	['døːd]
morrer (vi)	att dö	[at 'døː]
defunto (m)	den avlidne	[dɛn 'avˌlidnə]
luto (m)	sorg (en)	['sɔrj]

enterrar, sepultar (vt)	att begrava	[at beˈgrava]
agência (f) funerária	begravningsbyrå (en)	[beˈgravniŋsˌbyroː]
funeral (m)	begravning (en)	[beˈgravniŋ]

coroa (f) de flores	krans (en)	['krans]
caixão (m)	likkista (en)	['likˌɕista]
carro (m) funerário	likvagn (en)	['likˌvagn]
mortalha (f)	liksvepning (en)	['likˌsvɛpniŋ]

procissão (f) funerária	begravningståg (ett)	[beˈgravniŋsˌtoːg]
urna (f) funerária	gravurna (en)	['gravˌuːɳa]
crematório (m)	krematorium (ett)	[kremaˈtɔrium]

obituário (m), necrologia (f)	nekrolog (en)	[nɛkrʊˈlʲɔg]
chorar (vi)	att gråta	[at 'groːta]
soluçar (vi)	att snyfta	[at 'snʏfta]

111. Guerra. Soldados

pelotão (m)	pluton (en)	[plʉˈtʊn]
companhia (f)	kompani (ett)	[kɔmpaˈniː]
regimento (m)	regemente (ett)	[regeˈmɛntə]
exército (m)	här, armé (en)	['hæːr], [arˈmeː]
divisão (f)	division (en)	[diviˈɧʊn]

destacamento (m)	trupp (en)	['trup]
hoste (f)	här (en)	['hæ:r]
soldado (m)	soldat (en)	[sʊlʲ'dat]
oficial (m)	officer (en)	[ɔfi'se:r]
soldado (m) raso	menig (en)	['menig]
sargento (m)	sergeant (en)	[sɛr'ɧant]
tenente (m)	löjtnant (en)	['lʲœjt̪ˌnant]
capitão (m)	kapten (en)	[kap'ten]
major (m)	major (en)	[ma'jʊ:r]
coronel (m)	överste (en)	['ø:vəʂtə]
general (m)	general (en)	[jene'ralʲ]
marujo (m)	sjöman (en)	['ɧø:ˌman]
capitão (m)	kapten (en)	[kap'ten]
contramestre (m)	båtsman (en)	['bɔtsman]
artilheiro (m)	artillerist (en)	[a:t̪ilʲe'rist]
soldado (m) paraquedista	fallskärmsjägare (en)	['falʲɧæ:rms jɛ:garə]
piloto (m)	flygare (en)	['flʲygarə]
navegador (m)	styrman (en)	['styrˌman]
mecânico (m)	mekaniker (en)	[me'kanikər]
sapador (m)	pionjär (en)	[piʊ'njæ:r]
paraquedista (m)	fallskärmshoppare (en)	['falʲɧæ:rms ˌhɔparə]
explorador (m)	spaningssoldat (en)	['spaniŋs sʊlʲ'dat]
franco-atirador (m)	prickskytt (en)	['prikˌɧyt]
patrulha (f)	patrull (en)	[pat'rulʲ]
patrulhar (vt)	att patrullera	[at patru'lʲera]
sentinela (f)	vakt (en)	['vakt]
guerreiro (m)	krigare (en)	['krigarə]
patriota (m)	patriot (en)	[patri'ʊt]
herói (m)	hjälte (en)	['jɛlʲtə]
heroína (f)	hjältinna (en)	['jɛlʲˌtina]
traidor (m)	förrädare (en)	[fœ:'rɛ:darə]
trair (vt)	att förråda	[at fœ:'ro:da]
desertor (m)	desertör (en)	[desɛ:'tø:r]
desertar (vt)	att desertera	[at desɛ:'t̪era]
mercenário (m)	legosoldat (en)	['lʲegʊˌsʊlʲ'dat]
recruta (m)	rekryt (en)	[rɛk'ryt]
voluntário (m)	frivillig (en)	['friˌvilig]
morto (m)	döda (en)	['dø:da]
ferido (m)	sårad (en)	['so:rad]
prisioneiro (m) de guerra	fånge (en)	['fɔŋə]

112. Guerra. Ações militares. Parte 1

guerra (f)	krig (ett)	['krig]
guerrear (vt)	att vara i krig	[at 'vara i ˌkrig]

Português	Sueco	Pronúncia
guerra (f) civil	inbördeskrig (ett)	['inbø:dɛsˌkrig]
perfidamente	lömsk, förrädisk	['lʲømsk], [fœ:'rɛdisk]
declaração (f) de guerra	krigsförklaring (en)	['krigsˌfør'klʲariŋ]
declarar (vt) guerra	att förklara	[at før'klʲara]
agressão (f)	aggression (en)	[agrɛ'fjʊn]
atacar (vt)	att angripa	[at 'anˌgripa]
invadir (vt)	att invadera	[at inva'dera]
invasor (m)	angripare (en)	['anˌgriparə]
conquistador (m)	erövrare (en)	[ɛ'rœvrarə]
defesa (f)	försvar (ett)	[fœ:'ʂvar]
defender (vt)	att försvara	[at fœ:'ʂvara]
defender-se (vr)	att försvara sig	[at fœ:'ʂvara sɛj]
inimigo (m)	fiende (en)	['fjɛndə]
adversário (m)	motståndare (en)	['mʊtˌstɔndarə]
inimigo	fientlig	['fjɛntlig]
estratégia (f)	strategi (en)	[strate'fji:]
tática (f)	taktik (en)	[tak'tik]
ordem (f)	order (en)	['ɔ:dər]
comando (m)	order, kommando (en)	['ɔ:dər], [kɔm'mandʊ]
ordenar (vt)	att beordra	[at be'o:dra]
missão (f)	uppdrag (ett)	['updrag]
secreto	hemlig	['hɛmlig]
batalha (f)	batalj (en)	[ba'talʲ]
batalha (f)	slag (ett)	['slʲag]
combate (m)	kamp (en)	['kamp]
ataque (m)	angrepp (ett)	['anˌgrɛp]
assalto (m)	stormning (en)	['stɔrmniŋ]
assaltar (vt)	att storma	[at 'stɔrma]
assédio, sítio (m)	belägring (en)	[be'lʲɛgriŋ]
ofensiva (f)	offensiv (en)	['ɔfɛnˌsi:v]
passar à ofensiva	att angripa	[at 'anˌgripa]
retirada (f)	reträtt (en)	[rɛ'træt]
retirar-se (vr)	att retirera	[at reti'rera]
cerco (m)	omringning (en)	['ɔmˌriŋniŋ]
cercar (vt)	att omringa	[at 'ɔmˌriŋa]
bombardeio (m)	bombning (en)	['bɔmbniŋ]
lançar uma bomba	att släppa en bomb	[at 'slʲepa en bɔmb]
bombardear (vt)	att bombardera	[at bɔmba'dera]
explosão (f)	explosion (en)	[ɛksplʲo'fjʊn]
tiro (m)	skott (ett)	['skɔt]
disparar um tiro	att skjuta	[at 'ɧʉ:ta]
tiroteio (m)	skjutande (ett)	['ɧʉ:tandə]
apontar para ...	att sikta på ...	[at 'sikta pɔ ...]
apontar (vt)	att rikta	[at 'rikta]

acertar (vt)	att träffa	[at 'trɛfa]
afundar (um navio)	att sänka	[at 'sɛŋka]
brecha (f)	hål (ett)	['hoːlʲ]
afundar-se (vr)	att sjunka	[at 'ɧuŋka]
frente (m)	front (en)	['frɔnt]
evacuação (f)	evakuering (en)	[ɛvakɵ'eːriŋ]
evacuar (vt)	att evakuera	[at ɛvakɵ'eːra]
trincheira (f)	skyttegrav (en)	['ɧytəˌgrav]
arame (m) farpado	taggtråd (en)	['tagˌtroːd]
obstáculo (m) anticarro	avspärning (en)	['avˌspɛrniŋ]
torre (f) de vigia	vakttorn (ett)	['vaktˌtɵːŋ]
hospital (m)	militärsjukhus (ett)	[mili'tæːrsˌhɵs]
ferir (vt)	att såra	[at 'soːra]
ferida (f)	sår (ett)	['soːr]
ferido (m)	sårad (en)	['soːrad]
ficar ferido	att bli sårad	[at bli 'soːrad]
grave (ferida ~)	allvarlig	[alʲ'vaːlʲig]

113. Guerra. Ações militares. Parte 2

cativeiro (m)	fångenskap (en)	['fɔŋənˌskap]
capturar (vt)	att tillfångata	[at tilʲ'fɔŋata]
estar em cativeiro	att vara i fångenskap	[at 'vara i 'fɔŋənˌskap]
ser aprisionado	att bli tagen till fånga	[at bli 'tagən tilʲ 'fɔŋa]
campo (m) de concentração	koncentrationsläger (ett)	[kɔnsentra'ɧɵnsˌlʲeːgər]
prisioneiro (m) de guerra	fånge (en)	['fɔŋə]
escapar (vi)	att fly	[at flʲy]
trair (vt)	att förråda	[at fœːˈroːda]
traidor (m)	förrädare (en)	[fœːˈrɛːdarə]
traição (f)	förräderi (ett)	[fœːrɛːdeˈriː]
fuzilar, executar (vt)	att arkebusera	[at 'arkebɵˌsera]
fuzilamento (m)	arkebusering (en)	['arkebɵˌseriŋ]
equipamento (m)	mundering (en)	[mun'deriŋ]
platina (f)	axelklaff (en)	['aksɛlʲˌklʲaf]
máscara (f) antigás	gasmask (en)	['gasˌmask]
rádio (m)	fältradio (en)	['fɛltˌradiɵ]
cifra (f), código (m)	chiffer (ett)	['ɧifər]
conspiração (f)	sekretess (en)	[sɛkre'tɛs]
senha (f)	lösenord (ett)	['lʲøːsənˌɵːd]
mina (f)	mina (en)	['mina]
minar (vt)	att minera	[at mi'nera]
campo (m) minado	minfält (ett)	['minˌfɛlʲt]
alarme (m) aéreo	flyglarm (ett)	['flygˌlʲarm]
alarme (m)	alarm (ett)	[a'lʲarm]

| sinal (m) | signal (en) | [sig'nalʲ] |
| sinalizador (m) | signalraket (en) | [sig'nalʲˌraket] |

estado-maior (m)	stab (en)	['stab]
reconhecimento (m)	spaning (en)	['spaniŋ]
situação (f)	situation (en)	[sitɵa'ɧun]
relatório (m)	rapport (en)	[ra'pɔ:t]
emboscada (f)	bakhåll (ett)	['bakˌho:lʲ]
reforço (m)	förstärkning (en)	[fœ:'ʂtæ:kniŋ]

alvo (m)	mål (ett)	['mo:lʲ]
campo (m) de tiro	skjutbana (en)	['ɧɵ:tˌbana]
manobras (f pl)	manövrar (pl)	[ma'nœvrar]

pânico (m)	panik (en)	[pa'nik]
devastação (f)	ödeläggelse (en)	['ø:dəˌlʲɛgəlʲsə]
ruínas (f pl)	ruiner (pl)	[rɵ'i:nər]
destruir (vt)	att ödelägga	[at 'ødəˌlʲɛga]

sobreviver (vi)	att överleva	[at 'ø:vəˌlʲeva]
desarmar (vt)	att avväpna	[at 'avˌvɛpna]
manusear (vt)	att hantera	[at han'tera]

| Firmes! | Givakt! | [ji'vakt] |
| Descansar! | Lystring - STÄLL! Manöver! | ['lʲystriŋ - stɛlʲ], [ma'nøvər] |

façanha (f)	bedrift (en)	[be'drift]
juramento (m)	ed (en)	['ɛd]
jurar (vi)	att svära	[at 'svæ:ra]

condecoração (f)	belöning (en)	[be'lʲø:niŋ]
condecorar (vt)	att belöna	[at be'lʲø:na]
medalha (f)	medalj (en)	[me'dalj]
ordem (f)	orden (en)	['ɔ:dən]

vitória (f)	seger (en)	['segər]
derrota (f)	nederlag (ett)	['nedə:ˌlʲag]
armistício (m)	vapenvila (en)	['vapənˌvilʲa]

bandeira (f)	fana (en)	['fana]
glória (f)	berömmelse (en)	[be'rœməlʲsə]
desfile (m) militar	parad (en)	[pa'rad]
marchar (vi)	att marschera	[at mar'ʃera]

114. Armas

arma (f)	vapen (ett)	['vapən]
arma (f) de fogo	skjutvapen (ett)	['ɧɵ:tˌvapən]
arma (f) branca	blank vapen (ett)	['blʲaŋk 'vapən]

arma (f) química	kemiskt vapen (ett)	['ɕemiskt 'vapən]
nuclear	kärn-	['ɕæ:ɳ-]
arma (f) nuclear	kärnvapen (ett)	['ɕæ:ɳˌvapən]
bomba (f)	bomb (en)	['bɔmb]

Português	Sueco	Pronúncia
bomba (f) atómica	atombomb (en)	[aˈtɔmˌbɔmb]
pistola (f)	pistol (en)	[piˈstʉlʲ]
caçadeira (f)	gevär (ett)	[jeˈvæːr]
pistola-metralhadora (f)	maskinpistol (en)	[maˈɧiːn piˈstʉlʲ]
metralhadora (f)	maskingevär (ett)	[maˈɧiːn jeˈvæːr]
boca (f)	mynning (en)	[ˈmʏniŋ]
cano (m)	lopp (ett)	[ˈlʲɔp]
calibre (m)	kaliber (en)	[kaˈlibər]
gatilho (m)	avtryckare (en)	[ˈavˌtrʏkarə]
mira (f)	sikte (ett)	[ˈsiktə]
carregador (m)	magasin (ett)	[magaˈsin]
coronha (f)	kolv (en)	[ˈkɔlʲv]
granada (f) de mão	handgranat (en)	[ˈhand graˌnat]
explosivo (m)	sprängämne (ett)	[ˈsprɛŋˌɛmnə]
bala (f)	kula (en)	[ˈkʉːlʲa]
cartucho (m)	patron (en)	[paˈtrʊn]
carga (f)	laddning (en)	[ˈlʲadniŋ]
munições (f pl)	ammunition (en)	[amʉniˈɧʊn]
bombardeiro (m)	bombplan (ett)	[ˈbɔmbˌplʲan]
avião (m) de caça	jaktplan (ett)	[ˈjaktˌplʲan]
helicóptero (m)	helikopter (en)	[heliˈkɔptər]
canhão (m) antiaéreo	luftvärnskanon (en)	[ˈlʉftvæːŋs kaˈnʊn]
tanque (m)	stridsvagn (en)	[ˈstridsˌvagn]
canhão (de um tanque)	kanon (en)	[kaˈnʊn]
artilharia (f)	artilleri (ett)	[aːtilʲeˈriː]
canhão (m)	kanon (en)	[kaˈnʊn]
fazer a pontaria	att rikta in	[at ˈrikta in]
obus (m)	projektil (en)	[prʊɧekˈtilʲ]
granada (f) de morteiro	granat (en)	[graˈnat]
morteiro (m)	granatkastare (en)	[graˈnatˌkastarə]
estilhaço (m)	splitter (ett)	[ˈsplitər]
submarino (m)	ubåt (en)	[ʉːˈboːt]
torpedo (m)	torped (en)	[tɔrˈped]
míssil (m)	robot, missil (en)	[ˈrɔbɔt], [miˈsilʲ]
carregar (uma arma)	att ladda	[at ˈlʲada]
atirar, disparar (vi)	att skjuta	[at ˈɧʉːta]
apontar para ...	att sikta på ...	[at ˈsikta pɔ ...]
baioneta (f)	bajonett (en)	[bajʊˈnɛt]
espada (f)	värja (en)	[ˈvæːrja]
sabre (m)	sabel (en)	[ˈsabəlʲ]
lança (f)	spjut (ett)	[ˈspjʉːt]
arco (m)	båge (en)	[ˈboːgə]
flecha (f)	pil (en)	[ˈpilʲ]
mosquete (m)	musköt (en)	[mʉˈskøːt]
besta (f)	armborst (ett)	[ˈarmˌbɔːʂt]

115. Povos da antiguidade

primitivo	ur-	['ʉr-]
pré-histórico	förhistorisk	['førhiˌstʊrisk]
antigo	forntida, antikens	['fʊːnˌtida], [an'tikəns]
Idade (f) da Pedra	Stenåldern	['stenˌɔːlˈdɛːŋ]
Idade (f) do Bronze	bronsålder (en)	['brɔnsˌoːlˈdər]
período (m) glacial	istid (en)	['isˌtid]
tribo (f)	stam (en)	['stam]
canibal (m)	kannibal (en)	[kani'balʲ]
caçador (m)	jägare (en)	['jɛːgarɛ]
caçar (vi)	att jaga	[at 'jaga]
mamute (m)	mammut (en)	[ma'mut]
caverna (f)	grotta (en)	['grɔta]
fogo (m)	eld (en)	['ɛlʲd]
fogueira (f)	bål (ett)	['boːlʲ]
pintura (f) rupestre	hällristning (en)	['hɛlʲˌristniŋ]
ferramenta (f)	redskap (ett)	['rɛdˌskap]
lança (f)	spjut (ett)	['spjʉːt]
machado (m) de pedra	stenyxa (en)	['stenˌyksa]
guerrear (vt)	att vara i krig	[at 'vara i ˌkrig]
domesticar (vt)	att tämja	[at 'tɛmja]
ídolo (m)	idol (en)	[i'dɔlʲ]
adorar, venerar (vt)	att dyrka	[at 'dyrka]
superstição (f)	vidskepelse (en)	['vidˌɦɛpəlʲsə]
ritual (m)	ritual (en)	[ritu'alʲ]
evolução (f)	evolution (en)	[ɛvolʉ'ɦʊn]
desenvolvimento (m)	utveckling (en)	['ʉtˌvɛkliŋ]
desaparecimento (m)	försvinnande (ett)	[fœː'ʂvinandə]
adaptar-se (vr)	att anpassa sig	[at 'anˌpasa sɛj]
arqueologia (f)	arkeologi (en)	[ˌarkeʊlʲɔ'giː]
arqueólogo (m)	arkeolog (en)	[ˌarkeʊ'lʲɔg]
arqueológico	arkeologisk	[ˌarkeʊ'lʲɔgisk]
local (m) das escavações	utgrävningsplats (en)	['ʉtˌgrɛvniŋs 'plʲats]
escavações (f pl)	utgrävningar (pl)	['ʉtˌgrɛvniŋar]
achado (m)	fynd (ett)	['fynd]
fragmento (m)	fragment (ett)	[frag'mɛnt]

116. Idade média

povo (m)	folk (ett)	['folʲk]
povos (m pl)	folk (pl)	['folʲk]
tribo (f)	stam (en)	['stam]
tribos (f pl)	stammar (pl)	['stamar]
bárbaros (m pl)	barbarer (pl)	[bar'barər]

gauleses (m pl)	**galler** (pl)	['galˡer]
godos (m pl)	**goter** (pl)	['gʊtər]
eslavos (m pl)	**slavar** (pl)	['slˡavar]
víquingues (m pl)	**vikingar** (pl)	['vikiŋar]
romanos (m pl)	**romare** (pl)	['rʊmarə]
romano	**romersk**	['rʊmɛʂk]
bizantinos (m pl)	**bysantiner** (pl)	[bysan'tinər]
Bizâncio	**Bysans**	['bysans]
bizantino	**bysantinsk**	[bysan'tinsk]
imperador (m)	**kejsare** (en)	['ɕejsarə]
líder (m)	**hövding** (en)	['hœvdiŋ]
poderoso	**mäktig, kraftfull**	['mɛktig], ['kraft,fulˡ]
rei (m)	**kung** (en)	['kuŋ]
governante (m)	**härskare** (en)	['hæːʂkarə]
cavaleiro (m)	**riddare** (en)	['ridarə]
senhor feudal (m)	**feodalherre** (en)	[feʊ'dalˡ,hærə]
feudal	**feodal-**	[feʊ'dalˡ-]
vassalo (m)	**vasall** (en)	[va'salˡ]
duque (m)	**hertig** (en)	['hɛːʈig]
conde (m)	**greve** (en)	['grevə]
barão (m)	**baron** (en)	[ba'rʊn]
bispo (m)	**biskop** (en)	['biskɔp]
armadura (f)	**rustning** (en)	['rustniŋ]
escudo (m)	**sköld** (en)	['ɧœlˡd]
espada (f)	**svärd** (ett)	['svæːd]
viseira (f)	**visir** (ett)	[vi'sir]
cota (f) de malha	**ringbrynja** (en)	['riŋ,brʏnja]
cruzada (f)	**korståg** (ett)	['kɔːʂ,toːg]
cruzado (m)	**korsfarare** (en)	['kɔːʂ,fararə]
território (m)	**territorium** (ett)	[tɛri'tʊrium]
atacar (vt)	**att angripa**	[at 'an,gripa]
conquistar (vt)	**att erövra**	[at ɛ'rœvra]
ocupar, invadir (vt)	**att ockupera**	[at ɔkʊp'era]
assédio, sítio (m)	**belägring** (en)	[be'lˡɛgriŋ]
sitiado	**belägrad**	[be'lˡɛgrad]
assediar, sitiar (vt)	**att belägra**	[at be'lˡɛgra]
inquisição (f)	**inkvisition** (en)	[iŋkvisi'ɧʊn]
inquisidor (m)	**inkvisitor** (en)	[iŋkvi'sitʊr]
tortura (f)	**tortyr** (en)	[tɔː'tyr]
cruel	**brutal**	[brʉ'talˡ]
herege (m)	**kättare** (en)	['ɕætarə]
heresia (f)	**kätteri** (ett)	[ɕæte'riː]
navegação (f) marítima	**sjöfart** (en)	['ɧøːfaːt]
pirata (m)	**pirat, sjörövare** (en)	[pi'rat], ['ɧøː,røːvarə]
pirataria (f)	**sjöröveri** (ett)	['ɧøː,røːveˈriː]

abordagem (f)	äntring (en)	['ɛntriŋ]
presa (f), butim (m)	byte (ett)	['bytə]
tesouros (m pl)	skatter (pl)	['skatər]
descobrimento (m)	upptäckt (en)	['up‚tɛkt]
descobrir (novas terras)	att upptäcka	[at 'up‚tɛka]
expedição (f)	expedition (en)	[ɛkspedi'ʄun]
mosqueteiro (m)	musketör (en)	[muskə'tø:r]
cardeal (m)	kardinal (en)	[ka:dʲi'nalʲ]
heráldica (f)	heraldik (en)	[heralʲ''dik]
heráldico	heraldisk	[he'ralʲdisk]

117. Líder. Chefe. Autoridades

rei (m)	kung (en)	['kuŋ]
rainha (f)	drottning (en)	['drɔtniŋ]
real	kunglig	['kuŋlig]
reino (m)	kungarike (ett)	['kuŋa‚rikə]
príncipe (m)	prins (en)	['prins]
princesa (f)	prinsessa (en)	[prin'sɛsa]
presidente (m)	president (en)	[prɛsi'dɛnt]
vice-presidente (m)	vicepresident (en)	['visə‚prɛsi'dɛnt]
senador (m)	senator (en)	[se'natʊr]
monarca (m)	monark (en)	[mʊ'nark]
governante (m)	härskare (en)	['hæːʂkarə]
ditador (m)	diktator (en)	[dik'tatʊr]
tirano (m)	tyrann (en)	[ty'ran]
magnata (m)	magnat (en)	[mag'nat]
diretor (m)	direktör (en)	[dirɛk'tø:r]
chefe (m)	chef (en)	['ɧef]
dirigente (m)	föreståndare (en)	[førə'stɔndarə]
patrão (m)	boss (en)	['bɔs]
dono (m)	ägare (en)	['ɛːgarə]
líder, chefe (m)	ledare (en)	['lʲedarə]
chefe (~ de delegação)	ledare (en)	['lʲedarə]
autoridades (f pl)	myndigheter (pl)	['mʏndi‚hetər]
superiores (m pl)	överordnade (pl)	['øːvər‚ɔːdnadə]
governador (m)	guvernör (en)	[gʊvɛː'nø:r]
cônsul (m)	konsul (en)	['kɔnsulʲ]
diplomata (m)	diplomat (en)	[diplʲɔ'mat]
Presidente (m) da Câmara	borgmästare (en)	['bɔrj‚mɛstarə]
xerife (m)	sheriff (en)	[ʃe'rif]
imperador (m)	kejsare (en)	['ɕejsarə]
czar (m)	tsar (en)	['tsar]
faraó (m)	farao (en)	['faraʊ]
cã (m)	kan (en)	['kan]

118. Viloação da lei. Criminosos. Parte 1

bandido (m)	bandit (en)	[ban'dit]
crime (m)	brott (ett)	['brɔt]
criminoso (m)	förbrytare (en)	[før'brytarə]
ladrão (m)	tjuv (en)	['ɕʉːv]
roubar (vt)	att stjäla	[at 'ɧɛːlʲa]
furto (m)	tjuveri (ett)	[ɕʉveˈriː]
furto (m)	stöld (en)	['stœlʲd]
raptar (ex. ~ uma criança)	att kidnappa	[at 'kid‚napa]
rapto (m)	kidnapping (en)	['kid‚napiŋ]
raptor (m)	kidnappare (en)	['kid‚naparə]
resgate (m)	lösesumma (en)	['lʲøːsə‚suma]
pedir resgate	att kräva lösesumma	[at 'krɛːva 'lʲøːsə‚suma]
roubar (vt)	att råna	[at 'roːna]
assalto, roubo (m)	rån (ett)	['roːn]
assaltante (m)	rånare (en)	['roːnarə]
extorquir (vt)	att pressa ut	[at 'prɛsa ʉt]
extorsionário (m)	utpressare (en)	['ʉt‚prɛsarə]
extorsão (f)	utpressning (en)	['ʉt‚prɛsniŋ]
matar, assassinar (vt)	att mörda	[at 'møːɖa]
homicídio (m)	mord (ett)	['mʊːɖ]
homicida, assassino (m)	mördare (en)	['møːɖarə]
tiro (m)	skott (ett)	['skɔt]
dar um tiro	att skjuta	[at 'ɧʉːta]
matar a tiro	att skjuta ner	[at 'ɧʉːta ner]
atirar, disparar (vi)	att skjuta	[at 'ɧʉːta]
tiroteio (m)	skjutande (ett)	['ɧʉːtandə]
incidente (m)	händelse (en)	['hɛndəlʲsə]
briga (~ de rua)	slagsmål (ett)	['slʲaks‚moːlʲ]
Socorro!	Hjälp!	['jɛlʲp]
vítima (f)	offer (ett)	['ɔfər]
danificar (vt)	att skada	[at 'skada]
dano (m)	skada (en)	['skada]
cadáver (m)	lik (ett)	['lik]
grave	allvarligt	[alʲ'vaːlʲit]
atacar (vt)	att anfalla	[at 'anfalʲa]
bater (espancar)	att slå	[at 'slʲoː]
espancar (vt)	att prygla	[at 'pryglʲa]
tirar, roubar (dinheiro)	att beröva	[at be'røːva]
esfaquear (vt)	att skära ihjäl	[at 'ɧæːra i'jɛlʲ]
mutilar (vt)	att lemlästa	[at 'lem‚lɛsta]
ferir (vt)	att såra	[at 'soːra]
chantagem (f)	utpressning (en)	['ʉt‚prɛsniŋ]
chantagear (vt)	att utpressa	[at 'ʉt‚prɛsa]

chantagista (m)	utpressare (en)	['ʉtˌprɛsarə]
extorsão	utpressning (en)	['ʉtˌprɛsniŋ]
(em troca de proteção)		
extorsionário (m)	utpressare (en)	['ʉtˌprɛsarə]
gângster (m)	gangster (en)	['gaŋstər]
máfia (f)	maffia (en)	['mafia]

carteirista (m)	ficktjuv (en)	['fikˌɕʉːv]
assaltante, ladrão (m)	inbrottstjuv (en)	['inbrɔtsˌɕʉːv]
contrabando (m)	smuggling (en)	['smugliŋ]
contrabandista (m)	smugglare (en)	['smuglʲarə]

falsificação (f)	förfalskning (en)	[før'falʲskniŋ]
falsificar (vt)	att förfalska	[at før'falʲska]
falsificado	falsk	['falʲsk]

119. Viloação da lei. Criminosos. Parte 2

violação (f)	våldtäkt (en)	['voːlʲˌtɛkt]
violar (vt)	att våldta	[at 'voːlʲˌta]
violador (m)	våldtäktsman (en)	['voːlʲtɛktsˌman]
maníaco (m)	maniker (en)	['manikər]

prostituta (f)	prostituerad (en)	[prɔstitʉ'ɛrad]
prostituição (f)	prostitution (en)	[prɔstitʉ'ɧun]
chulo (m)	hallik (en)	['halik]

toxicodependente (m)	narkoman (en)	[narkʉ'man]
traficante (m)	droglangare (en)	['drugˌlʲaŋarə]

explodir (vt)	att spränga	[at 'sprɛŋa]
explosão (f)	explosion (en)	[ɛksplʲɔ'ɧun]
incendiar (vt)	att sätta eld	[at 'sæta ˌɛlʲd]
incendiário (m)	mordbrännare (en)	['muːdˌbrɛnarə]

terrorismo (m)	terrorism (en)	[tɛrʉ'rism]
terrorista (m)	terrorist (en)	[tɛrʉ'rist]
refém (m)	gisslan (en)	['jislʲan]

enganar (vt)	att bedra	[at be'dra]
engano (m)	bedrägeri (en)	[bedrɛːge'riː]
vigarista (m)	bedragare (en)	[be'dragarə]

subornar (vt)	att muta, att besticka	[at 'mʉːta], [at be'stika]
suborno (atividade)	muta (en)	['mʉːta]
suborno (dinheiro)	muta (en)	['mʉːta]

veneno (m)	gift (en)	['jift]
envenenar (vt)	att förgifta	[at før'jifta]
envenenar-se (vr)	att förgifta sig själv	[at før'jifta sɛj ɧɛlʲv]

suicídio (m)	självmord (ett)	['ɧɛlʲvˌmuːd]
suicida (m)	självmördare (en)	['ɧɛlʲvˌmøːdarə]
ameaçar (vt)	att hota	[at 'huta]

ameaça (f)	hot (ett)	['hʊt]
atentar contra a vida de ...	att begå mordförsök	[at be'go 'mʊːdfœːˌʂøːk]
atentado (m)	mordförsök (ett)	['mʊːdfœːˌʂøːk]
roubar (o carro)	att stjäla	[at 'ɧɛːlʲa]
desviar (o avião)	att kapa	[at 'kapa]
vingança (f)	hämnd (en)	['hɛmnd]
vingar (vt)	att hämnas	[at 'hɛmnas]
torturar (vt)	att tortera	[at tɔː'ʈera]
tortura (f)	tortyr (en)	[tɔː'ʈyr]
atormentar (vt)	att plåga	[at 'plʲoːga]
pirata (m)	pirat, sjörövare (en)	[piˈrat], ['ɧøːˌrøːvarə]
desordeiro (m)	buse (en)	['bʉːsə]
armado	beväpnad	[be'vɛpnad]
violência (f)	våld (ett)	['voːlʲd]
ilegal	illegal	['ilʲeˌgalʲ]
espionagem (f)	spioneri (ett)	[spiʊne'riː]
espionar (vi)	att spionera	[at spiʊ'nera]

120. Polícia. Lei. Parte 1

justiça (f)	rättvisa (en)	['rætˌvisa]
tribunal (m)	rättssal (en)	['rætˌsalʲ]
juiz (m)	domare (en)	['dʊmarə]
jurados (m pl)	jurymedlemmer (pl)	['jʉriˌmedle'mər]
tribunal (m) do júri	juryrättegång (en)	['jʉriˌræte'gɔŋ]
julgar (vt)	att döma	[at 'døːma]
advogado (m)	advokat (en)	[advʊ'kat]
réu (m)	anklagad (en)	['anˌklʲagad]
banco (m) dos réus	anklagades bänk (en)	['anˌklʲagadəs ˌbɛŋk]
acusação (f)	anklagelse (en)	['anˌklʲagelʲsə]
acusado (m)	den anklagade	[dɛn 'anˌklʲagadə]
sentença (f)	dom (en)	['dɔm]
sentenciar (vt)	att döma	[at 'døːma]
culpado (m)	skyldig (en)	['ɧylʲdig]
punir (vt)	att straffa	[at 'strafa]
punição (f)	straff (ett)	['straf]
multa (f)	bot (en)	['bʊt]
prisão (f) perpétua	livstids fängelse (ett)	['livstids 'fɛŋəlʲsə]
pena (f) de morte	dödsstraff (ett)	['døːdˌstraf]
cadeira (f) elétrica	elektrisk stol (en)	[ɛ'lʲektrisk ˌstʊlʲ]
forca (f)	galge (en)	['galjə]
executar (vt)	att avrätta	[at 'avˌræta]
execução (f)	avrättning (en)	['avˌrætniŋ]

prisão (f)	fängelse (ett)	['fɛŋəlʲsə]
cela (f) de prisão	cell (en)	['sɛlʲ]
escolta (f)	eskort (en)	[ɛs'kɔ:t]
guarda (m) prisional	fångvaktare (en)	['fɔŋˌvaktarə]
preso (m)	fånge (en)	['fɔŋə]
algemas (f pl)	handbojor (pl)	['handˌbɔjʊr]
algemar (vt)	att sätta handbojor	[at 'sæta 'handˌbɔjʊr]
fuga, evasão (f)	flukt (en)	['flʉkt]
fugir (vi)	att rymma	[at 'rʏma]
desaparecer (vi)	att försvinna	[at fœ:'ʂvina]
soltar, libertar (vt)	att frige	[at 'frije]
amnistia (f)	amnesti (en)	[amnɛs'ti:]
polícia (instituição)	polis (en)	[pʊ'lis]
polícia (m)	polis (en)	[pʊ'lis]
esquadra (f) de polícia	polisstation (en)	[pʊ'lisˌsta'ɧʊn]
cassetete (m)	gummibatong (en)	['gumibaˌtʊŋ]
megafone (m)	megafon (en)	[mega'fɔn]
carro (m) de patrulha	patrullbil (en)	[pat'rulʲˌbil]
sirene (f)	siren (en)	[si'ren]
ligar a sirene	att slå på sirenen	[at slʲo: pɔ si'renən]
toque (m) da sirene	siren tjut (ett)	[si'ren ˌɕʉ:t]
cena (f) do crime	brottsplats (en)	['brɔts plʲats]
testemunha (f)	vittne (ett)	['vitnə]
liberdade (f)	frihet (en)	['friˌhet]
cúmplice (m)	medskyldig (en)	['mɛdˌɧylʲdig]
escapar (vi)	att fly	[at flʲy]
traço (não deixar ~s)	spår (ett)	['spo:r]

121. Polícia. Lei. Parte 2

procura (f)	undersökning (en)	['undəˌsœkniŋ]
procurar (vt)	att söka efter ...	[at 'sø:ka ˌɛftər ...]
suspeita (f)	misstanke (en)	['misˌtaŋkə]
suspeito	misstänksam	['mistɛŋksam]
parar (vt)	att stanna	[at 'stana]
deter (vt)	att anhålla	[at 'anˌho:lʲa]
caso (criminal)	sak, rättegång (en)	[sak], ['rætəˌgɔŋ]
investigação (f)	undersökning (en)	['undəˌsœkniŋ]
detetive (m)	detektiv (en)	[detɛk'tiv]
investigador (m)	undersökare (en)	['undəˌsø:karə]
versão (f)	version (en)	[vɛr'ɧʊn]
motivo (m)	motiv (ett)	[mʊ'tiv]
interrogatório (m)	förhör (ett)	[før'hø:r]
interrogar (vt)	att förhöra	[at førˈhø:ra]
questionar (vt)	att avhöra	[at 'avˌhø:ra]
verificação (f)	kontroll (en)	[kɔn'trolʲ]

batida (f) policial	razzia (en)	['ratsia]
busca (f)	rannsakan (en)	['ran‚sakan]
perseguição (f)	jakt (en)	['jakt]
perseguir (vt)	att förfölja	[at før'følja]
seguir (vt)	att spåra	[at 'spo:ra]
prisão (f)	arrest (en)	[a'rɛst]
prender (vt)	att arrestera	[at arɛ'stera]
pegar, capturar (vt)	att fånga	[at 'foŋa]
captura (f)	gripande (en)	['gripandə]
documento (m)	dokument (ett)	[dɔku'mɛnt]
prova (f)	bevis (ett)	[be'vis]
provar (vt)	att bevisa	[at be'visa]
pegada (f)	fotspår (ett)	['fʊt‚spo:r]
impressões (f pl) digitais	fingeravtryck (pl)	['fiŋer‚avtrʏk]
prova (f)	bevis (ett)	[be'vis]
álibi (m)	alibi (ett)	['alibi]
inocente	oskyldig	[ʊː'ɦylʲdig]
injustiça (f)	orättfärdighet (en)	['ʊræt‚fæːdihet]
injusto	orättfärdig	['ʊræt‚fæːdig]
criminal	kriminell	[krimi'nɛlʲ]
confiscar (vt)	att konfiskera	[at kɔnfi'skera]
droga (f)	drog, narkotika (en)	['drʊg], [nar'kotika]
arma (f)	vapen (ett)	['vapən]
desarmar (vt)	att avväpna	[at 'av‚vɛpna]
ordenar (vt)	att befalla	[at be'falʲa]
desaparecer (vi)	att försvinna	[at fœː'ʂvina]
lei (f)	lag (en)	['lʲag]
legal	laglig	['lʲaglig]
ilegal	olovlig	[ʊː'lʲovlig]
responsabilidade (f)	ansvar (ett)	['an‚svar]
responsável	ansvarig	['an‚svarig]

NATUREZA

A Terra. Parte 1

122. Espaço sideral

cosmos (m)	rymden, kosmos (ett)	[rʏmden], ['kosmɔs]
cósmico	rymd-	['rʏmd-]
espaço (m) cósmico	yttre rymd (en)	['ytrə ˌrʏmd]
mundo (m)	värld (en)	['væːɖ]
universo (m)	universum (ett)	[uniˈvɛːʂum]
galáxia (f)	galax (en)	[gaˈlʲaks]
estrela (f)	stjärna (en)	[ˈɧæːɳa]
constelação (f)	stjärnbild (en)	[ˈɧæːɳˌbilʲd]
planeta (m)	planet (en)	[plʲaˈnet]
satélite (m)	satellit (en)	[satɛˈliːt]
meteorito (m)	meteorit (en)	[meteʊˈrit]
cometa (m)	komet (en)	[kʊˈmet]
asteroide (m)	asteroid (en)	[asterʊˈid]
órbita (f)	bana (en)	['bana]
girar (vi)	att rotera	[at rʊˈtera]
atmosfera (f)	atmosfär (en)	[atmʊˈsfæːr]
Sol (m)	Solen	[ˈsʊlʲən]
Sistema (m) Solar	solsystem (ett)	[ˈsʊlʲ ˌsʏˈstem]
eclipse (m) solar	solförmörkelse (en)	[ˈsʊlʲførˈmœːrkəlʲsə]
Terra (f)	Jorden	[ˈjʊːɖən]
Lua (f)	Månen	[ˈmoːnən]
Marte (m)	Mars	[ˈmaːʂ]
Vénus (f)	Venus	[ˈveːnus]
Júpiter (m)	Jupiter	[ˈjupitər]
Saturno (m)	Saturnus	[saˈtuːɳus]
Mercúrio (m)	Merkurius	[mɛrˈkʉrius]
Urano (m)	Uranus	[ʉˈranus]
Neptuno (m)	Neptunus	[nepˈtʉnus]
Plutão (m)	Pluto	[ˈplʉtʊ]
Via Láctea (f)	Vintergatan	[ˈvintəˌgatan]
Ursa Maior (f)	Stora bjornen	[ˈstʊra ˈbjuːɳən]
Estrela Polar (f)	Polstjärnan	[ˈpʊlʲˌɧæːɳan]
marciano (m)	marsian (en)	[maːʂiˈan]
extraterrestre (m)	utomjording (en)	[ˈʉtɔmˌjʊːɖisk]

alienígena (m)	rymdväsen (ett)	['rʏmdˌvɛsən]
disco (m) voador	flygande tefat (ett)	['flʲygandə 'tefat]
nave (f) espacial	rymdskepp (ett)	['rʏmdˌɧɛp]
estação (f) orbital	rymdstation (en)	['rʏmd sta'ɧʊn]
lançamento (m)	start (en)	['staːʈ]
motor (m)	motor (en)	['mʊtʊr]
bocal (m)	dysa (en)	['dysa]
combustível (m)	bränsle (ett)	['brɛnslʲe]
cabine (f)	cockpit, flygdäck (en)	['kɔkpit], ['flʏgˌdɛk]
antena (f)	antenn (en)	[an'tɛn]
vigia (f)	fönster (ett)	['fœnstər]
bateria (f) solar	solbatteri (ett)	['sʊlʲˌbatɛ'riː]
traje (m) espacial	rymddräkt (en)	['rʏmdˌdrɛkt]
imponderabilidade (f)	tyngdlöshet (en)	['tʏŋdlʲøsˌhet]
oxigénio (m)	syre, oxygen (ett)	['syrə], ['oksygən]
acoplagem (f)	dockning (en)	['dɔkniŋ]
fazer uma acoplagem	att docka	[at 'dɔka]
observatório (m)	observatorium (ett)	[ɔbsɛrva'tʊrium]
telescópio (m)	teleskop (ett)	[telʲe'skɔp]
observar (vt)	att observera	[at ɔbsɛr'vera]
explorar (vt)	att utforska	[at 'ʉtˌfɔːʂka]

123. A Terra

Terra (f)	Jorden	['jʊːdən]
globo terrestre (Terra)	jordklot (ett)	['jʊːdˌklʲʊt]
planeta (m)	planet (en)	[plʲa'net]
atmosfera (f)	atmosfär (en)	[atmʊ'sfæːr]
geografia (f)	geografi (en)	[jeʊgra'fiː]
natureza (f)	natur (en)	[na'tʉːr]
globo (mapa esférico)	glob (en)	['glʲʊb]
mapa (m)	karta (en)	['kaːʈa]
atlas (m)	atlas (en)	['atlʲas]
Europa (f)	Europa	[eu'rʊpa]
Ásia (f)	Asien	['asiən]
África (f)	Afrika	['afrika]
Austrália (f)	Australien	[au'straliən]
América (f)	Amerika	[a'merika]
América (f) do Norte	Nordamerika	['nʊːd a'merika]
América (f) do Sul	Sydamerika	['syd a'merika]
Antártida (f)	Antarktis	[an'tarktis]
Ártico (m)	Arktis	['arktis]

124. Pontos cardeais

norte (m)	norr	['nɔr]
para norte	norrut	['nɔrʉt]
no norte	i norr	[i 'nɔr]
do norte	nordlig	['nʉːdlig]
sul (m)	söder (en)	['søːdər]
para sul	söderut	['søːdərʉt]
no sul	i söder	[i 'søːdər]
do sul	syd-, söder	['syd-], ['søːdər]
oeste, ocidente (m)	väster (en)	['vɛstər]
para oeste	västerut	['vɛstərʉt]
no oeste	i väst	[i vɛst]
ocidental	västra	['vɛstra]
leste, oriente (m)	öster (en)	['œstər]
para leste	österut	['œstərʉt]
no leste	i öst	[i 'œst]
oriental	östra	['œstra]

125. Mar. Oceano

mar (m)	hav (ett)	['hav]
oceano (m)	ocean (en)	[ʉsə'an]
golfo (m)	bukt (en)	['bukt]
estreito (m)	sund (ett)	['sund]
terra (f) firme	fastland (ett)	['fast‚lʲand]
continente (m)	fastland (ett), kontinent (en)	['fast‚lʲand], [kɔnti'nɛnt]
ilha (f)	ö (en)	['øː]
península (f)	halvö (en)	['halʲv‚øː]
arquipélago (m)	skärgård, arkipelag (en)	['ɧæːr‚goːd], [arkipe'lʲag]
baía (f)	bukt (en)	['bukt]
porto (m)	hamn (en)	['hamn]
lagoa (f)	lagun (en)	[lʲa'gʉːn]
cabo (m)	udde (en)	['udə]
atol (m)	atoll (en)	[a'tɔlʲ]
recife (m)	rev (ett)	['rev]
coral (m)	korall (en)	[kɔ'ralʲ]
recife (m) de coral	korallrev (ett)	[kɔ'ralʲ‚rev]
profundo	djup	['jʉːp]
profundidade (f)	djup (ett)	['jʉːp]
abismo (m)	avgrund (en)	['av‚grund]
fossa (f) oceânica	djuphavsgrav (en)	['jʉːphavs‚grav]
corrente (f)	ström (en)	['strøːm]
banhar (vt)	att omge	[at 'ɔmje]
litoral (m)	kust (en)	['kust]

costa (f)	kust (en)	['kust]
maré (f) alta	flod (en)	['flʉd]
refluxo (m), maré (f) baixa	ebb (en)	['ɛb]
restinga (f)	sandbank (en)	['sand‚baŋk]
fundo (m)	botten (en)	['bɔtən]
onda (f)	våg (en)	['voːg]
crista (f) da onda	vågkam (en)	['voːg‚kam]
espuma (f)	skum (ett)	['skum]
tempestade (f)	storm (en)	['stɔrm]
furacão (m)	orkan (en)	[ɔr'kan]
tsunami (m)	tsunami (en)	[tsu'nami]
calmaria (f)	stiltje (en)	['stilʲtjə]
calmo	stilla	['stilʲa]
polo (m)	pol (en)	['pʊlʲ]
polar	pol-, polar-	['pʊlʲ-], [pʊ'lʲar-]
latitude (f)	latitud (en)	[lʲati'tʉːd]
longitude (f)	longitud (en)	[lʲɔŋi'tʉːd]
paralela (f)	breddgrad (en)	['brɛd‚grad]
equador (m)	ekvator (en)	[ɛ'kvatʊr]
céu (m)	himmel (en)	['himəlʲ]
horizonte (m)	horisont (en)	[hʊri'sɔnt]
ar (m)	luft (en)	['lʉft]
farol (m)	fyr (en)	['fyr]
mergulhar (vi)	att dyka	[at 'dyka]
afundar-se (vr)	att sjunka	[at 'ɧuŋka]
tesouros (m pl)	skatter (pl)	['skatər]

126. Nomes de Mares e Oceanos

Oceano (m) Atlântico	Atlanten	[at'lʲantən]
Oceano (m) Índico	Indiska oceanen	['indiska ʊse'anən]
Oceano (m) Pacífico	Stilla havet	['stilʲa 'havɛt]
Oceano (m) Ártico	Norra ishavet	['nɔra ‚is'havɛt]
Mar (m) Negro	Svarta havet	['svaːʈa 'havɛt]
Mar (m) Vermelho	Röda havet	['røːda 'havɛt]
Mar (m) Amarelo	Gula havet	['gʉːlʲa 'havɛt]
Mar (m) Branco	Vita havet	['vita 'havɛt]
Mar (m) Cáspio	Kaspiska havet	['kaspiska 'havɛt]
Mar (m) Morto	Döda havet	['døːda 'havɛt]
Mar (m) Mediterrâneo	Medelhavet	['medəlʲ‚havɛt]
Mar (m) Egeu	Egeiska havet	[ɛ'gejska 'havɛt]
Mar (m) Adriático	Adriatiska havet	[adri'atiska 'havɛt]
Mar (m) Arábico	Arabiska havet	[a'rabiska 'havɛt]
Mar (m) do Japão	Japanska havet	[ja'panska 'havɛt]

Mar (m) de Bering	Beringshavet	['bɛrɪŋsˌhavɛt]
Mar (m) da China Meridional	Sydkinesiska havet	['sydɕiˌnesiska 'havɛt]
Mar (m) de Coral	Korallhavet	[kɔ'ralʲˌhavɛt]
Mar (m) de Tasman	Tasmanhavet	[tas'manˌhavɛt]
Mar (m) do Caribe	Karibiska havet	[ka'ribiska 'havɛt]
Mar (m) de Barents	Barentshavet	['barɛntsˌhavɛt]
Mar (m) de Kara	Karahavet	['karaˌhavɛt]
Mar (m) do Norte	Nordsjön	['nʊːɖˌɦøːn]
Mar (m) Báltico	Östersjön	['œstɛːˌɦøːn]
Mar (m) da Noruega	Norska havet	['nɔːʂka 'havɛt]

127. Montanhas

montanha (f)	berg (ett)	['bɛrj]
cordilheira (f)	bergskedja (en)	['bɛrjˌɕedja]
serra (f)	bergsrygg (en)	['bɛrjsˌrʏg]
cume (m)	topp (en)	['tɔp]
pico (m)	tinne (en)	['tinə]
sopé (m)	fot (en)	['fʊt]
declive (m)	sluttning (en)	['slʉːtnɪŋ]
vulcão (m)	vulkan (en)	[vulʲ'kan]
vulcão (m) ativo	verksam vulkan (en)	['vɛrksam vulʲ'kan]
vulcão (m) extinto	slocknad vulkan (en)	['slʲɔknad vulʲ'kan]
erupção (f)	utbrott (ett)	['ʉtˌbrɔt]
cratera (f)	krater (en)	['kratər]
magma (m)	magma (en)	['magma]
lava (f)	lava (en)	['lʲava]
fundido (lava ~a)	glödgad	['glʲœdgad]
desfiladeiro (m)	kanjon (en)	['kanjɔn]
garganta (f)	klyfta (en)	['klʲyfta]
fenda (f)	skreva (en)	['skreva]
precipício (m)	avgrund (en)	['avˌgrʉnd]
passo, colo (m)	pass (ett)	['pas]
planalto (m)	platå (en)	[plʲa'toː]
falésia (f)	klippa (en)	['klipa]
colina (f)	kulle, backe (en)	['kulʲə], ['bakə]
glaciar (m)	glaciär, jökel (en)	[glʲas'jæːr], ['jøːkəlʲ]
queda (f) d'água	vattenfall (ett)	['vatənˌfalʲ]
géiser (m)	gejser (en)	['gɛjsər]
lago (m)	sjö (en)	['ɦøː]
planície (f)	slätt (en)	['slʲæt]
paisagem (f)	landskap (ett)	['lʲaŋˌskap]
eco (m)	eko (ett)	['ɛkʊ]
alpinista (m)	alpinist (en)	['alʲpiˌnist]

escalador (m)	bergsbestigare (en)	['bɛrjsˌbe'stigarə]
conquistar (vt)	att erövra	[at ɛ'rœvra]
subida, escalada (f)	bestigning (en)	[be'stigniŋ]

128. Nomes de montanhas

Alpes (m pl)	Alperna	['alʲpɛːŋa]
monte Branco (m)	Mont Blanc	[ˌmɔn'blʲan]
Pirineus (m pl)	Pyrenéerna	[pyre'neæːŋa]
Cárpatos (m pl)	Karpaterna	[kar'patɛːŋa]
montes (m pl) Urais	Uralbergen	[ʉ'ralʲˌbɛrjən]
Cáucaso (m)	Kaukasus	['kaukasus]
Elbrus (m)	Elbrus	['ɛlʲbrʉs]
Altai (m)	Altaj	[alʲ'taj]
Tian Shan (m)	Tian Shan	[ti'anˌʃan]
Pamir (m)	Pamir	[pa'mir]
Himalaias (m pl)	Himalaya	[hi'malʲaja]
monte (m) Everest	Everest	[ɛve'rɛst]
Cordilheira (f) dos Andes	Anderna	['andɛːŋa]
Kilimanjaro (m)	Kilimanjaro	[kiliman'jarʉ]

129. Rios

rio (m)	älv, flod (en)	['ɛlʲv], ['flʲʊd]
fonte, nascente (f)	källa (en)	['ɕɛlʲa]
leito (m) do rio	flodbädd (en)	['flʲʊdˌbɛd]
bacia (f)	flodbassäng (en)	['flʲʊdˌba'sɛŋ]
desaguar no ...	att mynna ut ...	[at 'mynna ʉt ...]
afluente (m)	biflod (en)	['biˌflʲʊd]
margem (do rio)	strand (en)	['strand]
corrente (f)	ström (en)	['strøːm]
rio abaixo	nedströms	['nɛdˌstrœms]
rio acima	motströms	['mʊtˌstrœms]
inundação (f)	översvämning (en)	['øːvəˌsvɛmniŋ]
cheia (f)	flöde (ett)	['flʲøːdə]
transbordar (vi)	att flöda över	[at 'flʲøːda ˌøːvər]
inundar (vt)	att översvämma	[at 'øːvəˌsvɛma]
banco (m) de areia	grund (ett)	['grʉnd]
rápidos (m pl)	forsar (pl)	[fo'ʂar]
barragem (f)	damm (en)	['dam]
canal (m)	kanal (en)	[ka'nalʲ]
reservatório (m) de água	reservoar (ett)	[resɛrvʊ'aːr]
eclusa (f)	sluss (en)	['slʉːs]
corpo (m) de água	vattensamling (en)	['vatənˌsamliŋ]

pântano (m)	myr, mosse (en)	['myr], ['mʊsə]
tremedal (m)	gungfly (ett)	['gʊŋˌfly]
remoinho (m)	strömvirvel (en)	['strø:mˌvirvəlʲ]
arroio, regato (m)	bäck (en)	['bɛk]
potável	dricks-	['driks-]
doce (água)	söt-, färsk-	['sø:t-], ['fæ:ʂk-]
gelo (m)	is (en)	['is]
congelar-se (vr)	att frysa till	[at 'frysa tilʲ]

130. Nomes de rios

rio Sena (m)	Seine	['sɛ:n]
rio Loire (m)	Loire	[lʲʊ'a:r]
rio Tamisa (m)	Themsen	['tɛmsən]
rio Reno (m)	Rhen	['ren]
rio Danúbio (m)	Donau	['dɔnaʊ]
rio Volga (m)	Volga	['vɔlʲga]
rio Don (m)	Don	['dɔn]
rio Lena (m)	Lena	['lʲena]
rio Amarelo (m)	Hwang-ho	[huaŋ'hʊ]
rio Yangtzé (m)	Yangtze	['jɑŋtsə]
rio Mekong (m)	Mekong	[me'kɔŋ]
rio Ganges (m)	Ganges	['gaŋəs]
rio Nilo (m)	Nilen	['nilʲen]
rio Congo (m)	Kongo	['kɔngʊ]
rio Cubango (m)	Okavango	[ɔka'vangʊ]
rio Zambeze (m)	Zambezi	[sam'besi]
rio Limpopo (m)	Limpopo	[lim'pɔpɔ]
rio Mississípi (m)	Mississippi	[misi'sipi]

131. Floresta

floresta (f), bosque (m)	skog (en)	['skʊg]
florestal	skogs-	['skʊgs-]
mata (f) cerrada	tät skog (en)	['tɛt ˌskʊg]
arvoredo (m)	lund (en)	['lʉnd]
clareira (f)	glänta (en)	['glʲɛnta]
matagal (m)	snår (ett)	['sno:r]
mato (m)	buskterräng (en)	['busk tɛ'rɛŋ]
vereda (f)	stig (en)	['stig]
ravina (f)	ravin (en)	[ra'vin]
árvore (f)	träd (ett)	['trɛ:d]
folha (f)	löv (ett)	['lʲø:v]

folhagem (f)	löv, lövverk (ett)	['lʲøːv], ['lʲøːværk]
queda (f) das folhas	lövfällning (en)	['lʲøːvˌfɛlʲnɪŋ]
cair (vi)	att falla	[at 'falʲa]
topo (m)	trädtopp (en)	['trɛːˌtɔp]
ramo (m)	gren, kvist (en)	['gren], ['kvist]
galho (m)	gren (en)	['gren]
botão, rebento (m)	knopp (en)	['knɔp]
agulha (f)	nål (en)	['noːlʲ]
pinha (f)	kotte (en)	['kɔtə]
buraco (m) de árvore	trädhål (ett)	['trɛːdˌhoːlʲ]
ninho (m)	bo (ett)	['bʊ]
toca (f)	lya, håla (en)	['lʲya], ['hoːlʲa]
tronco (m)	stam (en)	['stam]
raiz (f)	rot (en)	['rʊt]
casca (f) de árvore	bark (en)	['bark]
musgo (m)	mossa (en)	['mɔsa]
arrancar pela raiz	att rycka upp med rötterna	[at 'rʏka up me 'rœttɛːŋa]
cortar (vt)	att fälla	[at 'fɛlʲa]
desflorestar (vt)	att hugga ner	[at 'huga ner]
toco, cepo (m)	stubbe (en)	['stubə]
fogueira (f)	bål (ett)	['boːlʲ]
incêndio (m) florestal	skogsbrand (en)	['skʊgsˌbrand]
apagar (vt)	att släcka	[at 'slʲɛka]
guarda-florestal (m)	skogsvakt (en)	['skʊgsˌvakt]
proteção (f)	värn, skydd (ett)	['væːn], [ɦyd]
proteger (a natureza)	att skydda	[at 'ɦyda]
caçador (m) furtivo	tjuvskytt (en)	['ɕʉːvˌɦyt]
armadilha (f)	sax (en)	['saks]
colher (cogumelos, bagas)	att plocka	[at 'plʲoka]
perder-se (vr)	att gå vilse	[at 'goː 'vilʲsə]

132. Recursos naturais

recursos (m pl) naturais	naturresurser (pl)	[naˈtʉːr reˈsurʂer]
minerais (m pl)	mineraler (pl)	[mineˈralʲər]
depósitos (m pl)	fyndigheter (pl)	['fʏndiˌhetər]
jazida (f)	fält (ett)	['fɛlʲt]
extrair (vt)	att utvinna	[at 'ʉtˌvina]
extração (f)	utvinning (en)	['ʉtˌvinɪŋ]
minério (m)	malm (en)	['malʲm]
mina (f)	gruva (en)	['grʊva]
poço (m) de mina	gruvschakt (ett)	['grʉːvˌɦakt]
mineiro (m)	gruvarbetare (en)	['grʉːvˌarˈbetarə]
gás (m)	gas (en)	['gas]
gasoduto (m)	gasledning (en)	['gasˌlʲednɪŋ]

petróleo (m)	olja (en)	['ɔlja]
oleoduto (m)	oljeledning (en)	['ɔljəˌlʲedniŋ]
poço (m) de petróleo	oljekälla (en)	['ɔljəˌɕæla]
torre (f) petrolífera	borrtorn (ett)	['borˌtʊːn]
petroleiro (m)	tankfartyg (ett)	['taŋkˌfaː'tyg]

areia (f)	sand (en)	['sand]
calcário (m)	kalksten (en)	[kalʲkˌsten]
cascalho (m)	grus (ett)	['grʉːs]
turfa (f)	torv (en)	['tɔrv]
argila (f)	lera (en)	['lʲera]
carvão (m)	kol (ett)	['kɔlʲ]

ferro (m)	järn (ett)	['jæːn]
ouro (m)	guld (ett)	['gulʲd]
prata (f)	silver (ett)	['silʲvər]
níquel (m)	nickel (en)	['nikəlʲ]
cobre (m)	koppar (en)	['kopar]

zinco (m)	zink (en)	['siŋk]
manganês (m)	mangan (en)	[man'gan]
mercúrio (m)	kvicksilver (ett)	['kvikˌsilʲvər]
chumbo (m)	bly (ett)	['blʲy]

mineral (m)	mineral (ett)	[minə'ralʲ]
cristal (m)	kristall (en)	[kri'stalʲ]
mármore (m)	marmor (en)	['marmʊr]
urânio (m)	uran (ett)	[ʉ'ran]

A Terra. Parte 2

133. Tempo

tempo (m)	väder (ett)	['vɛːdər]
previsão (f) do tempo	väderprognos (en)	['vɛːdər prɔg'nɔːs]
temperatura (f)	temperatur (en)	[tɛmpəra'tʉːr]
termómetro (m)	termometer (en)	[tɛrmʉ'metər]
barómetro (m)	barometer (en)	[barʉ'metər]
húmido	fuktig	['fuːktig]
humidade (f)	fuktighet (en)	['fuːktig het]
calor (m)	hetta (en)	['hɛta]
cálido	het	['het]
está muito calor	det är hett	[dɛ æːr 'hɛt]
está calor	det är varmt	[dɛ æːr varmt]
quente	varm	['varm]
está frio	det är kallt	[dɛ æːr 'kalʲt]
frio	kall	['kalʲ]
sol (m)	sol (en)	['sʉlʲ]
brilhar (vi)	att skina	[at 'ɧina]
de sol, ensolarado	solig	['sʉlig]
nascer (vi)	att gå upp	[at 'goː 'up]
pôr-se (vr)	att gå ner	[at 'goː ˌner]
nuvem (f)	moln (ett), sky (en)	['mɔlʲn], ['ɧy]
nublado	molnig	['mɔlʲnig]
nuvem (f) preta	regnmoln (ett)	['rɛgn ˌmɔlʲn]
escuro, cinzento	mörk, mulen	['mœːrk], ['mʉːlʲen]
chuva (f)	regn (ett)	['rɛgn]
está a chover	det regnar	[dɛ 'rɛgnar]
chuvoso	regnväders-	['rɛgn ˌvɛdəʂ-]
chuviscar (vi)	att duggregna	[at 'dug ˌrɛgna]
chuva (f) torrencial	hällande regn (ett)	['hɛlʲandə 'rɛgn]
chuvada (f)	spöregn (ett)	['spøː ˌrɛgn]
forte (chuva)	kraftigt, häftigt	['kraftigt], ['hɛftigt]
poça (f)	pöl, vattenpuss (en)	['pøːlʲ], ['vatən ˌpus]
molhar-se (vr)	att bli våt	[at bli 'voːt]
nevoeiro (m)	dimma (en)	['dima]
de nevoeiro	dimmig	['dimig]
neve (f)	snö (en)	['snøː]
está a nevar	det snöar	[dɛ 'snøːar]

134. Tempo extremo. Catástrofes naturais

trovoada (f)	åskväder (ett)	['ɔsk,vɛdər]
relâmpago (m)	blixt (en)	['blikst]
relampejar (vi)	att blixtra	[at 'blikstra]
trovão (m)	åska (en)	['ɔska]
trovejar (vi)	att åska	[at 'ɔska]
está a trovejar	det åskar	[dɛ 'ɔskar]
granizo (m)	hagel (ett)	['hagelʲ]
está a cair granizo	det haglar	[dɛ 'haglʲar]
inundar (vt)	att översvämma	[at 'ø:və,svɛma]
inundação (f)	översvämning (en)	['ø:və,svɛmniŋ]
terremoto (m)	jordskalv (ett)	['juː.d̥,skalv]
abalo, tremor (m)	skalv (ett)	['skalʲv]
epicentro (m)	epicentrum (ett)	[ɛpi'sɛntrum]
erupção (f)	utbrott (ett)	['ʉt,brɔt]
lava (f)	lava (en)	['lʲava]
turbilhão (m)	tromb (en)	['trɔmb]
tornado (m)	tornado (en)	[tʊ'ɳadʊ]
tufão (m)	tyfon (en)	[tyˈfɔn]
furacão (m)	orkan (en)	[ɔr'kan]
tempestade (f)	storm (en)	['stɔrm]
tsunami (m)	tsunami (en)	[tsu'nami]
ciclone (m)	cyklon (en)	[tsʏ'klʲɔn]
mau tempo (m)	oväder (ett)	[uː'vɛːdər]
incêndio (m)	brand (en)	['brand]
catástrofe (f)	katastrof (en)	[kata'strɔf]
meteorito (m)	meteorit (en)	[meteʊ'rit]
avalanche (f)	lavin (en)	[lʲa'vin]
deslizamento (m) de neve	snöskred, snöras (ett)	['snøː,skred], ['snøː,ras]
nevasca (f)	snöstorm (en)	['snøː,stɔrm]
tempestade (f) de neve	snöstorm (en)	['snøː,stɔrm]

Fauna

135. Mamíferos. Predadores

predador (m)	rovdjur (ett)	['rʊvˌjʉːr]
tigre (m)	tiger (en)	['tigər]
leão (m)	lejon (ett)	['lʲejɔn]
lobo (m)	ulv (en)	['ulʲv]
raposa (f)	räv (en)	['rɛːv]
jaguar (m)	jaguar (en)	[jaguar]
leopardo (m)	leopard (en)	[lʲeʊˈpaːd]
chita (f)	gepard (en)	[jeˈpaːd]
pantera (f)	panter (en)	['pantər]
puma (m)	puma (en)	['pʉːma]
leopardo-das-neves (m)	snöleopard (en)	['snøː lʲeʊˈpaːd]
lince (m)	lodjur (ett), lo (en)	['lʲʊˌjʉːr], ['lʲʊ]
coiote (m)	koyot, prärievarg (en)	[kɔˈjʊt], ['præːrieˌvarj]
chacal (m)	sjakal (en)	[ɧaˈkalʲ]
hiena (f)	hyena (en)	[hyˈena]

136. Animais selvagens

animal (m)	djur (ett)	['jʉːr]
besta (f)	best (en), djur (ett)	['bɛst], ['jʉːr]
esquilo (m)	ekorre (en)	['ɛkɔrə]
ouriço (m)	igelkott (en)	['igəlʲˌkɔt]
lebre (f)	hare (en)	['harə]
coelho (m)	kanin (en)	[kaˈnin]
texugo (m)	grävling (en)	['grɛvliŋ]
guaxinim (m)	tvättbjörn (en)	['tvætˌbjøːŋ]
hamster (m)	hamster (en)	['hamstər]
marmota (f)	murmeldjur (ett)	['murməlʲˌjʉːr]
toupeira (f)	mullvad (en)	['mulʲˌvad]
rato (m)	mus (en)	['mʉːs]
ratazana (f)	råtta (en)	['rɔta]
morcego (m)	fladdermus (en)	['flʲadərˌmʉːs]
arminho (m)	hermelin (en)	[hɛrmeˈlin]
zibelina (f)	sobel (en)	['sɔbelʲ]
marta (f)	mård (en)	['moːd]
doninha (f)	vessla (en)	['vɛslʲa]
vison (m)	mink (en)	['miŋk]

castor (m)	bäver (en)	['bɛːvər]
lontra (f)	utter (en)	['ʉːtər]
cavalo (m)	häst (en)	['hɛst]
alce (m)	älg (en)	['ɛlj]
veado (m)	hjort (en)	['jʊːt]
camelo (m)	kamel (en)	[kaˈmelʲ]
bisão (m)	bison (en)	['bisɔn]
auroque (m)	uroxe (en)	['ʉˌroksə]
búfalo (m)	buffel (en)	['bufəlʲ]
zebra (f)	sebra (en)	['sebra]
antílope (m)	antilop (en)	[antiˈlʲʊp]
corça (f)	rådjur (ett)	['rɔːjʉːr]
gamo (m)	dovhjort (en)	['dɔvˌjʉːt]
camurça (f)	gems (en)	['jɛms]
javali (m)	vildsvin (ett)	['vilʲdˌsvin]
baleia (f)	val (en)	['valʲ]
foca (f)	säl (en)	['sɛːlʲ]
morsa (f)	valross (en)	['valʲˌrɔs]
urso-marinho (m)	pälssäl (en)	['pɛlʲsˌsɛlʲ]
golfinho (m)	delfin (en)	[dɛlʲˈfin]
urso (m)	björn (en)	['bjøːŋ]
urso (m) branco	isbjörn (en)	['isˌbjøːŋ]
panda (m)	panda (en)	['panda]
macaco (em geral)	apa (en)	['apa]
chimpanzé (m)	schimpans (en)	[ɦimˈpans]
orangotango (m)	orangutang (en)	[ʊˈraŋgʊˌtaŋ]
gorila (m)	gorilla (en)	[gɔˈrilʲa]
macaco (m)	makak (en)	[maˈkak]
gibão (m)	gibbon (en)	[giˈbʊn]
elefante (m)	elefant (en)	[ɛlʲeˈfant]
rinoceronte (m)	noshörning (en)	['nʊsˌhøːɳiŋ]
girafa (f)	giraff (en)	[ɦiˈraf]
hipopótamo (m)	flodhäst (en)	['flʲʊdˌhɛst]
canguru (m)	känguru (en)	['ɕɛngurʊ]
coala (m)	koala (en)	[kʊˈalʲa]
mangusto (m)	mangust, mungo (en)	['mangust], ['muŋgʊ]
chinchila (m)	chinchilla (en)	[ʃinˈʃilʲa]
doninha-fedorenta (f)	skunk (en)	['skuŋk]
porco-espinho (m)	piggsvin (ett)	['pigˌsvin]

137. Animais domésticos

gata (f)	katt (en)	['kat]
gato (m) macho	hankatt (en)	['hanˌkat]
cão (m)	hund (en)	['hund]

cavalo (m)	häst (en)	['hɛst]
garanhão (m)	hingst (en)	['hiŋst]
égua (f)	sto (ett)	['stʉː]
vaca (f)	ko (en)	['kɔː]
touro (m)	tjur (en)	['ɕʉːr]
boi (m)	oxe (en)	['ʊksə]
ovelha (f)	får (ett)	['foːr]
carneiro (m)	bagge (en)	['bagə]
cabra (f)	get (en)	['jet]
bode (m)	getabock (en)	['jetaˌbɔk]
burro (m)	åsna (en)	['ɔsna]
mula (f)	mula (en)	['mʉlʲa]
porco (m)	svin (ett)	['svin]
leitão (m)	griskulting (en)	['grisˌkulʲtiŋ]
coelho (m)	kanin (en)	[ka'nin]
galinha (f)	höna (en)	['høːna]
galo (m)	tupp (en)	['tup]
pata (f)	anka (en)	['aŋka]
pato (macho)	andrik, andrake (en)	['andrik], ['andrakə]
ganso (m)	gås (en)	['goːs]
peru (m)	kalkontupp (en)	[kalʲ'kʊnˌtup]
perua (f)	kalkonhöna (en)	[kalʲ'kʊnˌhøːna]
animais (m pl) domésticos	husdjur (pl)	['hʉsjʉːr]
domesticado	tam	['tam]
domesticar (vt)	att tämja	[at 'tɛmja]
criar (vt)	att avla, att föda upp	[at 'avlʲa], [at 'føːda up]
quinta (f)	farm, lantgård (en)	[farm], ['lʲantˌgoːd]
aves (f pl) domésticas	fjäderfä (ett)	['fjɛːdərˌfɛː]
gado (m)	boskap (en)	['bʊskap]
rebanho (m), manada (f)	hjord (en)	['jʉːd]
estábulo (m)	stall (ett)	['stalʲ]
pocilga (f)	svinstia (en)	['svinˌstia]
estábulo (m)	ladugård (en), kostall (ett)	['lʲadʉˌgoːd], ['kostalʲ]
coelheira (f)	kaninbur (en)	[ka'ninˌbʉːr]
galinheiro (m)	hönshus (ett)	['høːnsˌhʉs]

138. Pássaros

pássaro (m), ave (f)	fågel (en)	['foːgəlʲ]
pombo (m)	duva (en)	['dʉːva]
pardal (m)	sparv (en)	['sparv]
chapim-real (m)	talgoxe (en)	['taljʊksə]
pega-rabuda (f)	skata (en)	['skata]
corvo (m)	korp (en)	['kɔrp]

gralha (f) cinzenta	kråka (en)	['kro:ka]
gralha-de-nuca-cinzenta (f)	kaja (en)	['kaja]
gralha-calva (f)	råka (en)	['ro:ka]
pato (m)	anka (en)	['aŋka]
ganso (m)	gås (en)	['go:s]
faisão (m)	fasan (en)	[fa'san]
águia (f)	örn (en)	['ø:ɳ]
açor (m)	hök (en)	['hø:k]
falcão (m)	falk (en)	['falʲk]
abutre (m)	gam (en)	['gam]
condor (m)	kondor (en)	['kɔnˌdor]
cisne (m)	svan (en)	['svan]
grou (m)	trana (en)	['trana]
cegonha (f)	stork (en)	['stɔrk]
papagaio (m)	papegoja (en)	[pape'gɔja]
beija-flor (m)	kolibri (en)	['kɔlibri]
pavão (m)	påfågel (en)	['po:ˌfo:gəlʲ]
avestruz (m)	struts (en)	['struts]
garça (f)	häger (en)	['hɛ:gər]
flamingo (m)	flamingo (en)	[flʲa'mingɔ]
pelicano (m)	pelikan (en)	[peli'kan]
rouxinol (m)	näktergal (en)	['nɛktəˌgalʲ]
andorinha (f)	svala (en)	['svalʲa]
tordo-zornal (m)	trast (en)	['trast]
tordo-músico (m)	sångtrast (en)	['sɔŋˌtrast]
melro-preto (m)	koltrast (en)	['kɔlʲˌtrast]
andorinhão (m)	tornseglare, tornsvala (en)	['tʊ:ɳˌseglarə], ['tʊ:ɳˌsvalʲa]
cotovia (f)	lärka (en)	['lʲæ:rka]
codorna (f)	vaktel (en)	['vaktəlʲ]
pica-pau (m)	hackspett (en)	['hakˌspet]
cuco (m)	gök (en)	['jø:k]
coruja (f)	uggla (en)	['uglʲa]
corujão, bufo (m)	berguv (en)	['bɛrjˌʉ:v]
tetraz-grande (m)	tjäder (en)	['ɕɛ:dər]
tetraz-lira (m)	orre (en)	['ɔrə]
perdiz-cinzenta (f)	rapphöna (en)	['rapˌhø:na]
estorninho (m)	stare (en)	['starə]
canário (m)	kanariefågel (en)	[ka'nariəˌfo:gəlʲ]
galinha-do-mato (f)	järpe (en)	['jæ:rpə]
tentilhão (m)	bofink (en)	['bʊˌfiŋk]
dom-fafe (m)	domherre (en)	['dʊmhɛrə]
gaivota (f)	mås (en)	['mo:s]
albatroz (m)	albatross (en)	['alʲbaˌtrɔs]
pinguim (m)	pingvin (en)	[piŋ'vin]

139. Peixes. Animais marinhos

brema (f)	brax (en)	['braks]
carpa (f)	karp (en)	['karp]
perca (f)	ábborre (en)	['abɔrə]
siluro (m)	mal (en)	['malʲ]
lúcio (m)	gädda (en)	['jɛda]
salmão (m)	lax (en)	['lʲaks]
esturjão (m)	stör (en)	['stø:r]
arenque (m)	sill (en)	['silʲ]
salmão (m)	atlanterhavslax (en)	[at'lantərhav͵lʲaks]
cavala, sarda (f)	makrill (en)	['makrilʲ]
solha (f)	rödspätta (en)	['rø:d͵spæta]
lúcio perca (m)	gös (en)	['jø:s]
bacalhau (m)	torsk (en)	['tɔ:ʂk]
atum (m)	tonfisk (en)	['tʊn͵fisk]
truta (f)	öring (en)	['ø:riŋ]
enguia (f)	ål (en)	['o:lʲ]
raia elétrica (f)	elektrisk rocka (en)	[ɛ'lʲektrisk͵rɔka]
moreia (f)	muräna (en)	[mʉ'rɛna]
piranha (f)	piraya (en)	[pi'raja]
tubarão (m)	haj (en)	['haj]
golfinho (m)	delfin (en)	[dɛlʲ'fin]
baleia (f)	val (en)	['valʲ]
caranguejo (m)	krabba (en)	['kraba]
medusa, alforreca (f)	manet, medusa (en)	[ma'net], [me'dʉsa]
polvo (m)	bläckfisk (en)	['blʲɛk͵fisk]
estrela-do-mar (f)	sjöstjärna (en)	['ɧø:͵ɧæ:ɳa]
ouriço-do-mar (m)	sjöpiggsvin (ett)	['ɧø:͵pigsvin]
cavalo-marinho (m)	sjöhäst (en)	['ɧø:͵hɛst]
ostra (f)	ostron (ett)	['ʊstrʊn]
camarão (m)	räka (en)	['rɛ:ka]
lavagante (m)	hummer (en)	['humər]
lagosta (f)	languster (en)	[lʲaŋ'gustər]

140. Amfíbios. Répteis

serpente, cobra (f)	orm (en)	['ʊrm]
venenoso	giftig	['jiftig]
víbora (f)	huggorm (en)	['hʉg͵ʊrm]
cobra-capelo, naja (f)	kobra (en)	['kɔbra]
pitão (m)	pytonorm (en)	[py'tɔn͵ʊrm]
jiboia (f)	boaorm (en)	['bʊa͵ʊrm]
cobra-de-água (f)	snok (en)	['snʊk]

cascavel (f)	skallerorm (en)	['skalʲerˌʊrm]
anaconda (f)	anaconda (en)	[anaˈkɔnda]

lagarto (m)	ödla (en)	['ødlʲa]
iguana (f)	iguana (en)	[iguˈana]
varano (m)	varan (en)	[vaˈran]
salamandra (f)	salamander (en)	[salʲaˈmandər]
camaleão (m)	kameleont (en)	[kamelʲeˈɔnt]
escorpião (m)	skorpion (en)	[skɔrpiˈʊn]

tartaruga (f)	sköldpadda (en)	['ɧœlʲdˌpada]
rã (f)	groda (en)	['grʊda]
sapo (m)	padda (en)	['pada]
crocodilo (m)	krokodil (en)	[krɔkɔˈdilʲ]

141. Insetos

inseto (m)	insekt (en)	['insɛkt]
borboleta (f)	fjäril (en)	['fʲæːrilʲ]
formiga (f)	myra (en)	['myra]
mosca (f)	fluga (en)	['flʉːga]
mosquito (m)	mygga (en)	['mʏga]
escaravelho (m)	skalbagge (en)	['skalʲˌbagə]

vespa (f)	geting (en)	['jɛtiŋ]
abelha (f)	bi (ett)	['bi]
mamangava (f)	humla (en)	['humlʲa]
moscardo (m)	styngfluga (en)	['stʏŋˌflʉːga]

aranha (f)	spindel (en)	['spindəlʲ]
teia (f) de aranha	spindelnät (ett)	['spindəlˌnɛːt]

libélula (f)	trollslända (en)	['trɔlʲˌslʲɛnda]
gafanhoto-do-campo (m)	gräshoppa (en)	['grɛsˌhɔpa]
traça (f)	nattfjäril (en)	['natˌfʲæːrilʲ]

barata (f)	kackerlacka (en)	['kakɛːˌlʲaka]
carraça (f)	fästing (en)	['fɛstiŋ]
pulga (f)	loppa (en)	['lʲɔpa]
borrachudo (m)	knott (ett)	['knɔt]

gafanhoto (m)	vandringsgräshoppa (en)	['vandriŋˌgrɛsˈhɔparə]
caracol (m)	snigel (en)	['snigəlʲ]
grilo (m)	syrsa (en)	['sy¨sa]
pirilampo (m)	lysmask (en)	['lʲysˌmask]
joaninha (f)	nyckelpiga (en)	['nʏkəlʲˌpiga]
besouro (m)	ollonborre (en)	['ɔlʲɔnˌbɔrə]

sanguessuga (f)	igel (en)	['iːgəlʲ]
lagarta (f)	fjärilslarv (en)	['fʲæːrilʲsˌlʲarv]
minhoca (f)	daggmask (en)	['dagˌmask]
larva (f)	larv (en)	['lʲarv]

Flora

142. Árvores

árvore (f)	träd (ett)	['trɛ:d]
decídua	löv-	['lʲø:v-]
conífera	barr-	['bar-]
perene	eviggrönt	['ɛvi̩ɡrœnt]

macieira (f)	äppelträd (ett)	['ɛpelʲˌtrɛd]
pereira (f)	päronträd (ett)	['pæːrɔnˌtrɛd]
cerejeira (f)	fågelbärsträd (ett)	['foːgəlʲbæːʂˌtrɛd]
ginjeira (f)	körsbärsträd (ett)	['ɕøːʂbæːʂˌtrɛd]
ameixeira (f)	plommonträd (ett)	['plʲʊmɔnˌtrɛd]

bétula (f)	björk (en)	['bjœrk]
carvalho (m)	ek (en)	['ɛk]
tília (f)	lind (en)	['lind]
choupo-tremedor (m)	asp (en)	['asp]
bordo (m)	lönn (en)	['lʲøn]
espruce-europeu (m)	gran (en)	['gran]
pinheiro (m)	tall (en)	['talʲ]
alerce, lariço (m)	lärk (en)	['lʲæːrk]
abeto (m)	silvergran (en)	['silʲvərˌgran]
cedro (m)	ceder (en)	['sedər]

choupo, álamo (m)	poppel (en)	['pɔpəlʲ]
tramazeira (f)	rönn (en)	['rœn]
salgueiro (m)	pil (en)	['pilʲ]
amieiro (m)	al (en)	['alʲ]
faia (f)	bok (en)	['bʊk]
ulmeiro (m)	alm (en)	['alʲm]
freixo (m)	ask (en)	['ask]
castanheiro (m)	kastanjeträd (ett)	[ka'stanjəˌtrɛd]

magnólia (f)	magnolia (en)	[maŋ'nʊlia]
palmeira (f)	palm (en)	['palʲm]
cipreste (m)	cypress (en)	[sʏ'prɛs]

mangue (m)	mangroveträd (ett)	[maŋ'rɔvəˌtrɛd]
embondeiro, baobá (m)	apbrödsträd (ett)	['apbrødsˌtrɛd]
eucalipto (m)	eukalyptus (en)	[euka'lʲyptʉs]
sequoia (f)	sequoia (en)	[sek'vɔja]

143. Arbustos

arbusto (m)	buske (en)	['buskə]
arbusto (m), moita (f)	buske (en)	['buskə]

videira (f)	vinranka (en)	['vin͵raŋka]
vinhedo (m)	vingård (en)	['vin͵goːd]
framboeseira (f)	hallonsnår (ett)	['halʲon͵snoːr]
groselheira-preta (f)	svarta vinbär (ett)	['svaːʈa 'vinbæːr]
groselheira-vermelha (f)	röd vinbärsbuske (en)	['røːd 'vinbæːʂ͵buskə]
groselheira (f) espinhosa	krusbärsbuske (en)	['kruːsbæːʂ͵buskə]
acácia (f)	akacia (en)	[a'kasia]
bérberis (f)	berberis (en)	['bɛrberis]
jasmim (m)	jasmin (en)	[has'min]
junípero (m)	en (en)	['en]
roseira (f)	rosenbuske (en)	['rʊsən͵buskə]
roseira (f) brava	stenros, hundros (en)	['stenrʊs], ['hundrʊs]

144. Frutos. Bagas

fruta (f)	frukt (en)	['frʉkt]
frutas (f pl)	frukter (pl)	['frʉktər]
maçã (f)	äpple (ett)	['ɛplʲe]
pera (f)	päron (ett)	['pæːrɔn]
ameixa (f)	plommon (ett)	['plʲʊmɔn]
morango (m)	jordgubbe (en)	['jʊːd͵gubə]
ginja (f)	körsbär (ett)	['ɕøːʂ͵bæːr]
cereja (f)	fågelbär (ett)	['foːgəlʲ͵bæːr]
uva (f)	druva (en)	['drʉːva]
framboesa (f)	hallon (ett)	['halʲon]
groselha (f) preta	svarta vinbär (ett)	['svaːʈa 'vinbæːr]
groselha (f) vermelha	röda vinbär (ett)	['røːda 'vinbæːr]
groselha (f) espinhosa	krusbär (ett)	['krʉːs͵bæːr]
oxicoco (m)	tranbär (ett)	['tran͵bæːr]
laranja (f)	apelsin (en)	[apɛlʲ'sin]
tangerina (f)	mandarin (en)	[manda'rin]
ananás (m)	ananas (en)	['ananas]
banana (f)	banan (en)	['banan]
tâmara (f)	dadel (en)	['dadəlʲ]
limão (m)	citron (en)	[si'trʊn]
damasco (m)	aprikos (en)	[apri'kʊs]
pêssego (m)	persika (en)	['pɛʂika]
kiwi (m)	kiwi (en)	['kivi]
toranja (f)	grapefrukt (en)	['grɛjp͵frʉkt]
baga (f)	bär (ett)	['bæːr]
bagas (f pl)	bär (pl)	['bæːr]
arando (m) vermelho	lingon (ett)	['liŋɔn]
morango-silvestre (m)	skogssmultron (ett)	['skʊgs͵smulʲtrɔːn]
mirtilo (m)	blåbär (ett)	['blʲoː͵bæːr]

145. Flores. Plantas

flor (f)	blomma (en)	['blʲʊma]
ramo (m) de flores	bukett (en)	[bʉ'kɛt]
rosa (f)	ros (en)	['rʊs]
tulipa (f)	tulpan (en)	[tulʲ'pan]
cravo (m)	nejlika (en)	['nɛjlika]
gladíolo (m)	gladiolus (en)	[glʲadi'ɔlʉ:s]
centáurea (f)	blåklint (en)	['blʲo:ˌklint]
campânula (f)	blåklocka (en)	['blʲo:ˌklʲɔka]
dente-de-leão (m)	maskros (en)	['maskrʊs]
camomila (f)	kamomill (en)	[kamɔ'milʲ]
aloé (m)	aloe (en)	['alʲʊe]
cato (m)	kaktus (en)	['kaktus]
fícus (m)	fikus (en)	['fikus]
lírio (m)	lilja (en)	['lilja]
gerânio (m)	geranium (en)	[je'ranium]
jacinto (m)	hyacint (en)	[hya'sint]
mimosa (f)	mimosa (en)	[mi'mɔ:sa]
narciso (m)	narciss (en)	[nar'sis]
capuchinha (f)	blomsterkrasse (en)	['blʲɔmstərˌkrasə]
orquídea (f)	orkidé (en)	[ɔrki'de:]
peónia (f)	pion (en)	[pi'ʊn]
violeta (f)	viol (en)	[vi'ʊlʲ]
amor-perfeito (m)	styvmorsviol (en)	['styvmʊrs vi'ʊlʲ]
não-me-esqueças (m)	förgätmigej (en)	[føˌrɶæt mi 'gej]
margarida (f)	tusenskönä (en)	['tʉːsənˌɧøː:na]
papoula (f)	vallmo (en)	['valʲmʊ]
cânhamo (m)	hampa (en)	['hampa]
hortelã (f)	mynta (en)	['mynta]
lírio-do-vale (m)	liljekonvalje (en)	['lilje kʊn 'valjə]
campânula-branca (f)	snödropp (en)	['snøːˌdrop]
urtiga (f)	nässla (en)	['nɛslʲa]
azeda (f)	syra (en)	['syra]
nenúfar (m)	näckros (en)	['nɛkrʊs]
feto (m), samambaia (f)	ormbunke (en)	['ʊrmˌbuŋkə]
líquen (m)	lav (en)	['lʲav]
estufa (f)	drivhus (ett)	['drivˌhʉs]
relvado (m)	gräsplan, gräsmatta (en)	['grɛsˌplan], ['grɛsˌmata]
canteiro (m) de flores	blomsterrabatt (en)	['blʲɔmstərˌrabat]
planta (f)	växt (en)	['vɛkst]
erva (f)	gräs (ett)	['grɛ:s]
folha (f) de erva	grässtrå (ett)	['grɛ:sˌstrɔ:]

folha (f)	löv (ett)	['lʲøːv]
pétala (f)	kronblad (ett)	['krɔnˌblʲad]
talo (m)	stjälk (en)	['ɧɛlʲk]
tubérculo (m)	rotknöl (en)	['rʊtˌknøːlʲ]
broto, rebento (m)	ung planta (en)	['uŋ 'planta]
espinho (m)	törne (ett)	['tøːŋə]
florescer (vi)	att blomma	[at 'blʲʊma]
murchar (vi)	att vissna	[at 'visna]
cheiro (m)	lukt (en)	['lʉkt]
cortar (flores)	att skära av	[at 'ɧæːra av]
colher (uma flor)	att plocka	[at 'plʲɔka]

146. Cereais, grãos

grão (m)	korn, spannmål (ett)	['kʊːŋ], ['spanˌmoːlʲ]
cereais (plantas)	spannmål (ett)	['spanˌmoːlʲ]
espiga (f)	ax (ett)	['aks]
trigo (m)	vete (ett)	['vetə]
centeio (m)	råg (en)	['roːg]
aveia (f)	havre (en)	['havrə]
milho-miúdo (m)	hirs (en)	['hyʂ]
cevada (f)	korn (ett)	['kʊːŋ]
milho (m)	majs (en)	['majs]
arroz (m)	ris (ett)	['ris]
trigo-sarraceno (m)	bovete (ett)	['bʊˌvetə]
ervilha (f)	ärt (en)	['æːt]
feijão (m)	böna (en)	['bøna]
soja (f)	soja (en)	['sɔja]
lentilha (f)	lins (en)	['lins]
fava (f)	bönor (pl)	['bønʊr]

PAÍSES. NACIONALIDADES

147. Europa Ocidental

Europa (f)	Europa	[eu'rʊpa]
União (f) Europeia	Europeiska unionen	[eurʊ'peiska un'jʊnən]
Áustria (f)	Österrike	['œstɛˌrikə]
Grã-Bretanha (f)	Storbritannien	['stʊrˌbri'taniən]
Inglaterra (f)	England	['ɛŋlʲand]
Bélgica (f)	Belgien	['bɛlʲgiən]
Alemanha (f)	Tyskland	['tʏsklʲand]
Países (m pl) Baixos	Nederländerna	['nedɛːˌlʲɛndɛːɳa]
Holanda (f)	Holland	['hɔlʲand]
Grécia (f)	Grekland	['greklʲand]
Dinamarca (f)	Danmark	['daŋmark]
Irlanda (f)	Irland	['ilʲand]
Islândia (f)	Island	['islʲand]
Espanha (f)	Spanien	['spaniən]
Itália (f)	Italien	[i'taliən]
Chipre (m)	Cypern	['sypɛːɳ]
Malta (f)	Malta	['malʲta]
Noruega (f)	Norge	['nɔrjə]
Portugal (m)	Portugal	['pɔːʈugalʲ]
Finlândia (f)	Finland	['finlʲand]
França (f)	Frankrike	['fraŋkrikə]
Suécia (f)	Sverige	['svɛrijə]
Suíça (f)	Schweiz	['ʃvɛjts]
Escócia (f)	Skottland	['skɔtlʲand]
Vaticano (m)	Vatikanstaten	[vati'kanˌstatən]
Liechtenstein (m)	Liechtenstein	['lihtənstajn]
Luxemburgo (m)	Luxemburg	['lʉksəmˌburj]
Mónaco (m)	Monaco	['mɔnakɔ]

148. Europa Central e de Leste

Albânia (f)	Albanien	[alʲ'baniən]
Bulgária (f)	Bulgarien	[bʉlʲ'gariən]
Hungria (f)	Ungern	['uŋɛːɳ]
Letónia (f)	Lettland	['lʲetlʲand]
Lituânia (f)	Litauen	[li'tauən]
Polónia (f)	Polen	['pɔlʲen]

Roménia (f)	Rumänien	[rʉ'mɛːniən]
Sérvia (f)	Serbien	['sɛrbiən]
Eslováquia (f)	Slovakien	[slʲɔ'vakiən]
Croácia (f)	Kroatien	[krʊ'atiən]
República (f) Checa	Tjeckien	['ɕɛkiən]
Estónia (f)	Estland	['ɛstlʲand]
Bósnia e Herzegovina (f)	Bosnien-Hercegovina	['bɔsniən hɛrsəgɔ'vina]
Macedónia (f)	Makedonien	[make'dʊniən]
Eslovénia (f)	Slovenien	[slʲɔ'veniən]
Montenegro (m)	Montenegro	['mɔntə‚nɛgrʊ]

149. Países da ex-URSS

Azerbaijão (m)	Azerbajdzjan	[asɛrbaj'dʒʲan]
Arménia (f)	Armenien	[ar'meniən]
Bielorrússia (f)	Vitryssland	['vit‚rʏslʲand]
Geórgia (f)	Georgien	[je'ɔrgiən]
Cazaquistão (m)	Kazakstan	[ka'sak‚stan]
Quirguistão (m)	Kirgizistan	[kir'gisi‚stan]
Moldávia (f)	Moldavien	[mʊlʲ'daviən]
Rússia (f)	Ryssland	['rʏslʲand]
Ucrânia (f)	Ukraina	[u'krajna]
Tajiquistão (m)	Tadzjikistan	[ta'dʒiki‚stan]
Turquemenistão (m)	Turkmenistan	[turk'meni‚stan]
Uzbequistão (f)	Uzbekistan	[us'beki‚stan]

150. Asia

Ásia (f)	Asien	['asiən]
Vietname (m)	Vietnam	['vjɛtnam]
Índia (f)	Indien	['indiən]
Israel (m)	Israel	['israelʲ]
China (f)	Kina	['ɕina]
Líbano (m)	Libanon	['libanɔn]
Mongólia (f)	Mongoliet	[mʊngʊ'liet]
Malásia (f)	Malaysia	[ma'lʲajsia]
Paquistão (m)	Pakistan	['paki‚stan]
Arábia (f) Saudita	Saudiarabien	['saudi a'rabiən]
Tailândia (f)	Thailand	['tajlʲand]
Taiwan (m)	Taiwan	[taj'van]
Turquia (f)	Turkiet	[turkiet]
Japão (m)	Japan	['japan]
Afeganistão (m)	Afghanistan	[af'gani‚stan]
Bangladesh (m)	Bangladesh	[banglʲa'dɛʃ]

| Indonésia (f) | Indonesien | [indʊˈnesiən] |
| Jordânia (f) | Jordanien | [jʊːˈdaniən] |

Iraque (m)	Irak	[iˈrak]
Irão (m)	Iran	[iˈran]
Camboja (f)	Kambodja	[kamˈbɔdja]
Kuwait (m)	Kuwait	[kʉˈvajt]

Laos (m)	Laos	[ˈlʲaɔs]
Myanmar (m), Birmânia (f)	Myanmar	[ˈmjanmar]
Nepal (m)	Nepal	[neˈpalʲ]
Emirados Árabes Unidos	Förenade arabrepubliken	[føˈrenadə aˈrab repubˈlikən]

Síria (f)	Syrien	[ˈsyriən]
Palestina (f)	Palestina	[palʲeˈstina]
Coreia do Sul (f)	Sydkorea	[ˈsydˌkʊˈrea]
Coreia do Norte (f)	Nordkorea	[ˈnʊːd̦ kʊˈrea]

151. América do Norte

Estados Unidos da América	Amerikas Förenta Stater	[aˈmɛrikas føˈrɛnta ˈstatər]
Canadá (m)	Kanada	[ˈkanada]
México (m)	Mexiko	[ˈmɛksikɔ]

152. América Central do Sul

Argentina (f)	Argentina	[argɛnˈtina]
Brasil (m)	Brasilien	[braˈsiliən]
Colômbia (f)	Colombia	[kɔˈlʲʊmbia]
Cuba (f)	Kuba	[ˈkʉːba]
Chile (m)	Chile	[ˈɕiːlʲe]

Bolívia (f)	Bolivia	[bʊˈlivia]
Venezuela (f)	Venezuela	[venesuˈɛlʲa]
Paraguai (m)	Paraguay	[paragˈwaj]
Peru (m)	Peru	[pɛˈrʉ]
Suriname (m)	Surinam	[ˈsʉriˌnam]
Uruguai (m)	Uruguay	[ʉrugˈwaj]
Equador (m)	Ecuador	[ɛkvaˈdʊr]
Bahamas (f pl)	Bahamas	[baˈhamas]
Haiti (m)	Haiti	[haˈiti]

República (f) Dominicana	Dominikanska republiken	[dɔminiˈkanska repuˈblikən]
Panamá (m)	Panama	[ˈpanama]
Jamaica (f)	Jamaica	[jaˈmajka]

153. Africa

| Egito (m) | Egypten | [eˈjyptən] |
| Marrocos | Marocko | [maˈrɔkʊ] |

Tunísia (f)	Tunisien	[tʉ'nisiən]
Gana (f)	Ghana	['gana]
Zanzibar (m)	Zanzibar	['sansibar]
Quénia (f)	Kenya	['kenja]
Líbia (f)	Libyen	['libiən]
Madagáscar (m)	Madagaskar	[mada'gaskar]

Namíbia (f)	Namibia	[na'mibia]
Senegal (m)	Senegal	[sene'galʲ]
Tanzânia (f)	Tanzania	[tansa'nija]
África do Sul (f)	Republiken Sydafrika	[repu'bliken 'syd͵afrika]

154. Austrália. Oceania

| Austrália (f) | Australien | [au'straliən] |
| Nova Zelândia (f) | Nya Zeeland | ['nya 'seːlʲand] |

| Tasmânia (f) | Tasmanien | [tas'maniən] |
| Polinésia Francesa (f) | Franska Polynesien | ['franska polʲy'nesiən] |

155. Cidades

Amesterdão	Amsterdam	['amstə͵dam]
Ancara	Ankara	['aŋkara]
Atenas	Aten	[a'ten]

Bagdade	Bagdad	['bagdad]
Banguecoque	Bangkok	['baŋkɔk]
Barcelona	Barcelona	[barsə'lʲona]
Beirute	Beirut	['bejrut]
Berlim	Berlin	[bɛr'lin]

Bombaim	Bombay	[bɔm'bɛj]
Bona	Bonn	['bɔn]
Bordéus	Bordeaux	[bɔ'dɔː]
Bratislava	Bratislava	[brati'slʲava]
Bruxelas	Bryssel	['brysəlʲ]
Bucareste	Bukarest	['bʉkarɛst]
Budapeste	Budapest	['bʉdapɛst]

Cairo	Kairo	['kajrʊ]
Calcutá	Kalkutta	[kalʲ'kʉta]
Chicago	Chicago	[ɕi'kagʊ]
Cidade do México	Mexico City	['mɛksikɔ 'siti]
Copenhaga	Köpenhamn	['ɕøːpɛn͵hamn]

Dar es Salaam	Dar es-Salaam	[dar ɛs sa'lʲam]
Deli	New Delhi	[nju 'dɛlʲi]
Dubai	Dubai	[dʉ'baj]
Dublin, Dublim	Dublin	['dablin]
Düsseldorf	Düsseldorf	['dʉsəlʲ͵dorf]
Estocolmo	Stockholm	['stɔkɔlʲm]

Florença	Florens	['fljørɛns]
Frankfurt	Frankfurt	['fraŋkfɵ:t]
Genebra	Genève	[ʒe'nɛv]
Haia	Haag	['ha:g]
Hamburgo	Hamburg	['hambɵrj]
Hanói	Hanoi	[ha'nɔj]
Havana	Havanna	[ha'vana]
Helsínquia	Helsingfors	['hɛljsiŋˌfɔːʂ]
Hiroshima	Hiroshima	[hirɔ'ʃima]
Hong Kong	Hongkong	['hɔŋˌkɔŋ]
Istambul	Istanbul	['istambɵlj]
Jerusalém	Jerusalem	[je'rɵsaljem]
Kiev	Kiev	['kiev]
Kuala Lumpur	Kuala Lumpur	[ku'alja 'lɵmpɵːr]
Lisboa	Lissabon	['lisabɔn]
Londres	London	['ljɔndɔn]
Los Angeles	Los Angeles	[ljɔs 'aŋeljes]
Lion	Lion	[li'ɔn]
Madrid	Madrid	[ma'drid]
Marselha	Marseille	[ma'ʂɛj]
Miami	Miami	[ma'jami]
Montreal	Montreal	[mɔntre'ɔlj]
Moscovo	Moskva	[mɔ'skva]
Munique	München	['mɵnɦən]
Nairóbi	Nairobi	[naj'rɔːbi]
Nápoles	Neapel	[ne'apəlj]
Nice	Nice	['nis]
Nova York	New York	[nju 'jork]
Oslo	Oslo	['ʊsljʊ]
Ottawa	Ottawa	['ɔtava]
Paris	Paris	[pa'ris]
Pequim	Peking	['pekiŋ]
Praga	Prag	['prag]
Rio de Janeiro	Rio de Janeiro	['riʊ de ʃa'nɛjrʊ]
Roma	Rom	['rɔm]
São Petersburgo	Sankt Petersburg	['saŋkt 'peteʂˌburj]
Seul	Söul	[sœulj]
Singapura	Singapore	['siŋapʊr]
Sydney	Sydney	['sidni]
Taipé	Taipei	[taj'pɛj]
Tóquio	Tokyo	['tɔkiʊ]
Toronto	Toronto	[tɔ'rɔntʊ]
Varsóvia	Warszawa	[vaːˈʂava]
Veneza	Venedig	[ve'nedig]
Viena	Wien	['veːn]
Washington	Washington	['wɔʃiŋtɔn]
Xangai	Shanghai	[ʃan'haj]

www.ingramcontent.com/pod-product-compliance
Lightning Source LLC
Chambersburg PA
CBHW070555050426
42450CB00011B/2872